Åse Gry Dahlen

Fotspor på fjell

Åse Gry Dahlen

Fotspor på fjell

En samling av noveller og historier om menneskets åndelige vandring igjennom livet

Andakt Forlag

Impressum / Imprint
Bibliografische Information der Deutschen Nationalbibliothek: Die Deutsche Nationalbibliothek verzeichnet diese Publikation in der Deutschen Nationalbibliografie; detaillierte bibliografische Daten sind im Internet über http://dnb.d-nb.de abrufbar.

Bibliografisk informasjon publiseres av Deutsche Nationalbibliothek: Deutsche Nationalbibliothek oppfører denne utgaven i Deutsche Nationalbibliografie, detaljerte bibliografiske opplysninger er tilgjengelig på internett: http://dnb.d-nb.de.

Coverbild / Bilde på omslaget: www.ingimage.com

Verlag / Forlag:
Andakt Forlag
ist ein Imprint der / er et varemerke for
OmniScriptum GmbH & Co. KG
Heinrich-Böcking-Str. 6-8, 66121 Saarbrücken, Deutschland / Tyskland
Email / E-post: info@andakt-forlag.com

Herstellung: siehe letzte Seite /
Trykt hos: se siste side
ISBN: 978-3-639-48011-5

Innholdsfortegnelse:

Forord:

Jeg har alltid elsket å skrive og har alltid brukt skrivingen som ett verktøy igjennom lette og tunge tider i livet mitt. Jeg ble født i Bergen og oppdratt i den kristne tro. Som voksen flyttet jeg til Oslo for å studere som sykepleier. Det var i den tiden jeg begynte for alvor å skrive. Novellene og historiene i denne boken er en samling over ti år. Jeg har levd lenge nok til at jeg vet at livet har sine mørke sider, men jeg vet også at bak hver sky er det alltid solskinn. For så mange som det er mørke dager, er det også lyse dager. Historiene mine handler om Jesu kjærlighet til menneskene. Det som er viktig for meg er å formidle Jesu kjærlighet og nåde til mennesker. For i oss selv er vi så liten og små, men i Herren er vi hans enestående barn. Du er elsket for den du er.

Jeg vil aller først takke herren min Gud som har gitt meg gaver og evner jeg kan dele med andre. Jeg vil også takke mine foreldre som lærte meg Jesus å kjenne. Jeg vil takke min mann Jan Erik Dahlen, som har støttet meg i alle disse år, og min søster, Mirjam Aarseth, som har hjulpet meg med å rette alt jeg har skrevet. Takk til min bror, Odd Levi Skare som alltid er like ærlig. Tilslutt vil jeg takke min gode venninne Marita Winge som tipset meg om andakt forlag, og takk til forlaget som vil være med på å formidle herren til alle som ønsker det. Takk til alle mennesker jeg har møtt, hilst på og blitt kjent med oppigjennom alle årene. Takk for all inspirasjon og alt dere har delt med meg og takk til dere som har sagt i alle disse år at jeg aldri skal gi opp. Takk til dere som leser denne boken, håper det gir dere inspirasjon, glede og fred. Gud velsigne dere.

Åse Gry Dahlen

Kampen mellom det gode og det onde

For lenge, lenge siden før mennesket gjorde jorden og dens grøde til sitt. Før tiden var satt i sekunder og måneder i år. For lenge siden, i en tidløs tid der det onde og det gode kjempet mot hverandre i en bitter strid om makt. Omgivelser fylt av uro og spenninger der skygger ikke eksisterte og ett mørke så svart at det slukte alt rundt det. Og midt oppi dette var det to sider som kjempet mot hverandre. Ondskapens falne engler på den ene siden, mot hellige engler på den andre siden.

Den siden som var rammet av ondskap, var kald og mørk. En vag tåke lå ulmende og fløt like over det døde landskapet, der jorden nektet noe å spire og gro. Iskald atmosfære av død omgav stedet. Forråtnelse, tristhet og sykdom lå som en følgesvenn til den rådende ondskapen som omsluttet dette mørke sted. Pinsler, depresjon og tomhet tok sine tildelte plasser. En urgammel ondskap gjorde det vanskelig å puste i dette landskapet som lå der stille og ensomt.

På den andre siden var det lyst og vakkert. Det var alltid lyst og varmt, og fred dominerte atmosfæren og rolig sang gled igjennom landskapet som strakte seg frydefullt ut over horisonten. Lyset strålte opp landskapet som vokste ivrig i trivsel og glede. Grønne planter og fargerike vekster prydet engene. Ingen sykdom, død, fortvilelse og nød fikk næring her. Bare en altoppslukende kjærlighet og frihet rådet. Alt var godt, alt var rent og alt var en skarp kontrast til den mørke siden.

Skillet i mellom disse to stedene, var like klart og tydelig som natt og dag. Men langt, langt borte flerret skarpe hyl og ord som vitnet om kamp, igjennom stillheten. Ordene ble klarere og klarere, høyere og høyere. Kampen utspilte seg på ett nøytralt sted, i en dyp kløft som skilte de to verdenene ifra hverandre. En kampsone der det onde og det gode kjempet mot hverandre. En kamp som ingen vant, men allikevel gav de alt de hadde i kampens hete, med en lidenskap ingen trodde fantes. Det var hellige engler mot falne engler i ondskapens og godhetens tjeneste. De hellige englene var iført hvite heldekkende rustninger med et blått bånd drapert i hjelmenes hodespiss. De falne englene hadde lik rustning, men den var svart og et svart bånd var festet til hjelmene deres. Kampen forandret seg hele tide, etter hvert som tiden forandret seg og gled igjennom tidssonene.

En fallen engel og en hellig engel kjempet mot hverandre. Det var vanskelig å skille dem i fra hverandre, for de var omsluttet av andre engler som kjempet den samme kampen. Den falne var i ett basketak med den hellige. I det ene øyeblikket var det den falne engelen som hadde overtaket, men det forandret seg fort. Det var vanskelig å se hvem som gjorde hva, for hver gang de to partene berørte hverandre ble det skapt en så sterk elektrisitet at det gnistret av dem, og rundt dem. De iskalde hatefulle øynene til den falne engelen møtte det harme, milde og kjærlige blikket til den hellige engelen. De slapp hverandre ikke med øynene når de kjempet mot hverandre. Den falne engelen hylte høyt hver gang de støtte i hverandre. Det var en ild i øynene til den hellige, ett mot som ikke var av denne tidsalder. Et mørke omringet den kjempende skaren og tiden forandret seg igjen og Gud skapte himmelen og jorden. Mennesket ble satt til å styre den. Og en voldsom rystelse flerret igjennom kampsonen. Engler kjempet på ny en innbitt kamp mot engler. Lys mot mørke. Kampen var blitt dødelig alvorlig, for nå kjempet de av en annen grunn. De kjempet for retten til å eie menneskene. Tiden gled av sted, sekunder ble til minutter. Minutter til timer, timer til dager som igjen ble til år. Plutselig hørtes en kraftig lyd i form av ett drønn igjennom himmelrommet. Med det samme gled de hellige og de falne fra hverandre som en pause i en boksering. Englene forsvant til hver sin kant, sto stille og skulte på hverandre. Klar for å kjempe på nytt når Gud tillot det.

Noe i tiden hadde forandret seg igjen. Denne gangen noe vakkert, noe som gav menneskene håp. De falne ble forvist til stedet der ondskap rådet og omgivelsene var døde. De hellige gled tilbake til livets elv og lysets fredfulle landskap, der en Guddom satt på en trone av rent gull og klare edelstener. Ut i fra ham strålte det fred, kjærlighet og godhet. Hæren av de hellige, knelte ned ved tronen og lovpriste denne eneste ene, i hellig tilbedelse og dyp ærefrykt. På ondskapens eiendom samlet de falne seg og sto foran sin fyrste som utstrålte motløshet, ondskap og død. Men denne siden måtte også bøye seg for Guddommen på tronen, selv om den ikke ville. Og fyrsten og alle dens engler gjorde det, ikke av glede, men av plikt. For selv *de* visste at han var den eneste ene. En tom stillhet senket seg over dem alle og den vakre musikken opphørte en stund. Kampsonen var stille og forlatt, men en kunne fremdeles kjenne ekkoet av energien av kampen som hadde utspilt seg der, for bare noen sekunder siden.

Med ett hørtes enda ett drønn igjennom stillheten og ett skarpt skinnende lys steg frem i fra mørket. De hellige reiste seg og sto i stram giv akt på den ene siden. De falne stilte seg på den andre siden, krumbøyd av frykt og blikkene flakket nervøst mot lyset som virket altoppslukende. Lyset var fredelig og varmt og gjenspeilte den gode siden. De falne englene bøyde hodet ikke i tilbedelse, men i frykt og skam og de prøvde å skjule seg for det brennende lyset som etset seg inn i dem. De falt jamrende og stønnende til jorden for å unngå å se inn i dette rene, hellige lyset. Ut i fra lyset kom en mann; Guds sønn. Han var ikledd en strålende hvit kappe og ansiktet var vakkert og øynene milde. En urgammel kjærlighet veltet ut fra ham. Dype kjøttsår preget håndflatene og bena hans. Han var ren og rettferdig. De hellige knelte i ærefrykt og løftet hendene i tilbedelse opp mot ham, denne sønn av Gud. De falne knelte i frykt, og løftet hendene beskyttende opp foran ansiktet. Han vendte seg mot de falne. Ut av øynene hans skjøt det en ild som fortærte alt som var i nærheten av ham. Han gikk bort til fyrsten over de falne. Den styggeste av de stygge. Fyrsten klamret seg til en nøkkel i rent gull. Den hellige mannen grep nøkkelen og rev den ut av hendene til fyrsten som falt sammen ved føttene hans og vendte ansiktet mot jorden. Ett mektig støt gled igjennom atmosfæren i det de to parter berørte hverandre. Den hellige mannen vendte fyrsten ryggen og gikk med hevet hodet derifra. Han gikk mot det vakre stedet der lyset skinte for alltid. Der ble han på nytt hyllet både av engler og sin far, den allmektige Gud.

Med det samme manifesterte det seg to porter i atmosfæren. Den ene porten var mørk og trist, smykket av ondskapens svarte perler og vitnet om død for dem som gikk inn igjennom den. Den andre porten var drapert med hvite lyse perler og vitnet om liv for dem som ønsket det. Dette var to porter som førte inn til de to verdenene. En for å tre inn i ondskapens rike, og den andre for å tre inn i lysets rike.

Menneskesjeler gikk inn igjennom portene. Sjelene som ble ledet inn igjennom den svarte porten, var triste, livløse og sorgfulle. Dette var sjeler som var blinde for Guds godhet. Sjeler som ikke ville ha noe med lyset å gjøre. Sjeler som ondskapens tjenere hadde vunnet. For hver sjel var det en fallen engel som ledet dem inn i dødens rike. Når de kom inn igjennom porten kunne en se skrekk og tårer i øynene deres, og desperate bønner om tilgivelse, hørtes i gru over deres tørste lepper. Men det var da for sent; døren bak dem lukket seg, for aldri mer å åpne seg for dem igjen. Andre sjeler gikk igjennom porten av lys og liv. Disse var forventningsfulle og glade, muntre og begeistrede. De hellige englene svevde mot dem og fulgte de glade sjelene inn igjennom porten til liv. Disse sjelene var ikke blinde, de så og tok ett valg. Innenfor døren møtte de mannen med gullnøkkelen. De ble omfavnet og kysset, men midt opp i alt dette, så denne hellige mannen bort på de andre sjelene som valgte døden og ikke livet. Og det strømmet store tårer nedover kinnet hans. Han stirret ned på nøkkelen han hadde i hendene og deretter mot de fortapte sjelene. På den hellige siden var det fest og musikk. De feiret alle dem som hadde valgt livets vei. På mørkets side rådde stillhet og tørste, ondskap og nød. Valget var tatt, livet var levd og nå ble prisen betalt.

Det kjempes en kamp mellom det onde og det gode i kampsonen. De hellige englenes skare er større enn de falne. Kampen forandrer seg med tiden. Kampen mot det onde og det gode forgikk før menneskets tidsalder. Den pågår enda, sterkere enn noensinne. Og den blir mer og mer intens for hvert århundre som farer forbi. For snart skal Jesus igjen komme til jorden, og fienden har det travelt. Menneskene så ikke kampen som utspilte seg for lenge, lenge siden, og de ser den ikke den dag i dag. De er blinde og vandrer hvileløst mot stupet som de ikke vet befinner seg der. Dere som tror; be. Be for at den gode siden skal vinne sjeler for den hellige Gud.

Før jorden ble til, og mennesket rådet over dens ressurser, den gang selv tiden ikke eksisterte, utspilte det seg en kamp i mellom det gode og det onde, en kamp som pågår den dag i dag. En evig kamp om rettferdighet og makt. En kamp på liv og død. Men de falne englene kjemper forgjeves, for prisen er alt vunnet, den dagen Jesus gav sitt liv og tok nøkkelen i fra døden og inn i livet.

«Vi har ikke kamp mot kjøtt og blod, men mot makter og myndigheter i åndeverdenen».

En pause med Jesus

Jeg så meg selv gå ut i hagen en tidlig vårlig morgen. Duggen etter nattens kjølige temperatur lå tungt på de grønne, friske bladene som blomstret i hagen. Blomster, som roser, blåklokker, peoner, prestekrager og løvetenner, bukket lett med hodene i den svake vinden som rusket meg i håret. Blomster som vokste i Guds frie natur til Guds ære. Jeg trakk inn den friske morgenduften og vendte meg mot det stedet jeg visste du satt og ventet på meg. Ivrig og full av forventning gikk jeg med barbente skritt over det fuktige myke gresset. Jeg så meg selv, og på deg min elskede. Jesus, du satt der på en liten hvit stol omringet av vakre blomster. Du var kledd i en skinnende ren kappe i hvite og blå farger. Stolsetet du satt på var like rundt som det lille bordet du satt ved. Det sto en annen stol på motsatt side av bordet. Jeg så meg selv gå bort til deg. Du hadde selvfølgelig alt sett meg, slik du alltid gjorde. Du smilte varmt mot meg og ba meg sette meg. Jeg sank ned på den stive stolen og smilte lengselsfullt til deg; min Jesus. Slik satt vi uten å si noe i en behagelig enhet, med fuglenes morgenmusikk i bakgrunnen. Jeg så meg rundt, og nøt å være her med deg. Jeg så bienes summende iver etter å drikke nektar fra blomstenes midte. Jeg så meg selv spørre deg om du ville ha en kopp te, eller kanskje du ville ha kaffe? –Ja takk, svarte du, og tok takknemlig i mot koppen jeg gav deg. Du smilte varmt til meg. Og jeg så meg selv smile tilbake til deg. Slik satt du og jeg i taushet en lang stund og bare nøt hverandres selskap. Det var godt å sitte slik, for jeg var sliten.

Sliten etter hverdagens jag og mas. Sliten etter tunge tanker som prøvde å skygge for solen i mitt liv. Skygge for deg, min elskede. Jeg sukket dypt og lukket øynene halvt igjen. Lente meg trett bakover i stolen med koppen imellom hendene mine. Slik satt jeg og tenkte på alt jeg skulle gjort, og alle de steder jeg skulle ha vært. Jeg så for meg at du stirret beundrende på meg. Så begynte du å snakke til meg. Du fortalte meg om blomstene rundt oss. Om det grønne gresset under oss. Du viste meg harmonien i naturen, hvordan det vokste og grodde, hvordan blomstene trivdes med sitt lille liv og hvordan de fikk næring av jordens grøde og solens varme. Du pekte mot ett gammelt tre og når du fortalte meg om dens historie så jeg treet smile og le. Og bladene foldet seg ut mot den strålende solen glad for at du ofret dem en slik oppmerksomhet. Og så smilte jeg og lo litt over en skildring jeg syntes var litt morsom. Og slik satt vi, lenge. Du pratet om alt rundt oss, og med jevne mellomrom tok du en sup av en kaffe som aldri ble kald og som aldri gikk tom. Jeg så meg selv nyte ditt nærvær. Jeg så meg selv sukke dypt og drikke inn den rolige stunden, bare oss to. Du og jeg. Slik satt vi, og kvelden kom så alt for fort. Fuglene gikk til ro og ble erstattet av andre nattlige lyder.

Det ble mørkt og den blå himmelen ble erstattet av ett rosa og oransje lys før den ble helt svart, og fylt av glødende stjerner som blunket glad mot oss. Den varme luften ble kjølig og rå. Men det var ikke kaldt. For jeg satt her med deg, i den strålende varmen du omgav deg med. Du pekte opp mot noen røde glødende stjerner og fortalte at de snart kom til å sprenges og forsvinne ut i verdensrommet. Du pekte på noen andre stjerner og fortalte om deres historie. Og så sa du på ny noe morsomt som jeg lo av. En lett latter og jeg kjente meg glad og fri. Jeg kjente meg verdifull og trettheten gled langsomt av meg.

På ny kom dagen. Solen steg sakte opp i horisonten og gav på nytt ett glødende skjær av rosa og oransje som skar igjennom den marineblå himmelen. Langsomt grydde det av dag. Blomster og dyr våknet igjen opp fra en duggvåt natt. Jeg sukket igjen av velvære, eller kanskje det var en tretthet i meg som jeg ikke kjente dybden av. Jeg sukket dypt og kjente meg tom og fylt på samme tid. Som om en del av meg bare ville gjemme meg, smuldre bort og ta, og en annen del av meg vil leve, nyte og gi. Du snudde deg mot meg og smilte. Jeg så deg foran meg der du nikket mot meg. –Det er greit, sa du. –Det er greit å kjenne på, føle på. Det er greit å være nedstemt, sliten og oppgitt. Det er greit å kjenne seg verdiløs. Da så jeg at tårene mine rant, for du min Jesus forsto meg så godt. Du forsto alle mine behov, ja selv bedre enn meg selv. Jeg nikket og så meg selv tørke tårene med håndbaken. –Det er greit, mitt barn, hvisket du. Men så smilte du igjen og øynene dine var så vakre og dype. Og smilet ditt gav meg trøst. –Det er også greit å ta imot i fra meg. Det er greit å komme til meg så ofte du kan, og la meg gi deg denne spesielle pausen med meg i hverdagen. Bare du og jeg.

Jeg så at du reiste deg og gikk imot meg. Du dro meg opp på bena og stirret meg inn i øynene og smilte varmt. Jeg ville se bort, orket ikke å se fordømmelsen jeg trodde sto skrevet i dine øyne. Jeg stålsatte meg for irettesettelsen jeg trodde ville komme, men den kom aldri. Nei, i stede fløt dine myke varme ord ut i atmosfæren rundt meg. –Du vet det, mitt barn, at du er elsket og verdifull. Du er min dronning. Jeg så meg selv nikke og smile tamt. Men inni meg var jeg fremdeles sliten, og fordømmelsens stemme var høy i mitt hjerte. Du nikket og forsto så alt for godt hvordan det var. Jeg så at du dro frem en gave. Jeg pakket den ivrig opp, skamfull over at jeg fortjente noe som helst. Og i denne gaven var det en nydelig kjole i kongeblå farge med gullborder, kantet nederst rundt skjørtet og nederst på de vide ermene. Jeg tok den på meg og følte meg som en prinsesse i fra riddertiden. –Du er min kongsdatter, sa du. En ny gave gav du meg og frem fra den trakk jeg ut ett belte i rent gull, brodert med bildet av løvehoder. Jeg ikledde meg det og kjente hvordan beltet holdt kjolen på plass rundt livet mitt. –Du er rettferdig, sa du. Igjen tok du frem en gave og i den var det en fløyelsmyk kappe i skarlagens rød farge, kantet med grønne bånd nederst på foldene. Innsiden var foret med myk pels. Hetten på kappen var vid og falt ned til midten av ryggen i en spiss. –Du er dekket i mitt blod, og du er ren, sa du. Igjen fikk jeg en gave, denne gangen var det ett hvitt slør som du festet til mitt hode. Sløret rakk meg til anklene og var festet med ett diadem i rent gull. Sløret var smykket av millioner med små diamanter som glødet lik stjernene på himmelen. –Du er min brud, sa du. Jeg følte meg vakker. Og jeg så beundringen i øynene dine i det du stirret på meg. Jeg så at du elsket meg. Igjen dro du smilende frem en gave. Jeg så overrasket på den og skulle til å protestere. For så mange gaver var jeg ikke vant med å få. Men du åpnet den for meg og la rundt min hals, ett tungt smykke av det reneste gull. I enden av gullenken var det ett stort gjennomsiktig hjerte som skinte smaragd grønt. –Du skal ikke mangle noen ting, og du er hele tiden i forandring, sa du og smilte. I ørene mine festet du øredobber i samme farge som på hjertene. –Du er elsket, sa du. På armene mine tredde du inn armbånd av gull. –Min kjærlighet til deg er evig, sa du og tredde på fingrene mine, ringer som blinket som diamanter. Deretter så jeg at du bøyde deg ned og satte sko på bena mine. Sko brodert med gulltråder. Da jeg så nærmere etter, var ordet brodert inn. Ditt ord. –For at du aldri skal gå deg vill, sa du. Du reiste deg opp og så på meg. Tårer falt på nytt nedover kinnene mine og jeg smilte glad. Du strøk en varm hånd over mitt tårevåte kinn. –Det er helt greit, mitt barn, for du er den dronningen jeg har satt deg til å være.

Deretter så jeg at du kysset meg. Først på det venstre kinnet, så på det høyre. Så kysset du meg på pannen, og så et lett kyss på munnen min. Da klarte jeg ikke mer. Jeg falt inn i din favn og hulke gråt. Jeg gråt for alle de gangene jeg ikke hadde strukket til. Jeg gråt for alle de gangene jeg hadde sagt om meg selv at jeg var stygg. Jeg gråt for alle de gangene jeg hadde avvist deg, fordi jeg hadde trodd at du hadde avvist meg først. Men mest av alt gråt jeg for alle de gangene jeg hadde ønsket å dø. Du strøk meg varsomt over håret. Du lot meg gråte på skulderen din, og du mumlet vakre oppmuntrende ord inn i øret mitt. Ord som at jeg var verdifull og elsket. Ord som at du aldri hadde forlatt meg, eller vendt deg bort fra meg. Ord til glede og oppmuntring. Gråten stilnet av, men en ny sorg veltet opp i mitt hjerte. På ny gråt jeg. Denne gangen gråt jeg over alle dem som aldri fikk oppleve dette som jeg nå fikk oppleve. Denne vakre nærheten med deg. Jeg gråt for alle dem som døde uten å ha sett deg. Jeg gråt for alle dem som ikke ønsket å ta i mot deg; dem som strevde med å leve ett liv de aldri ville klare å leve selv. Igjen stilnet gråten og jeg trakk meg motvillig unna. Gleden jeg følte erstattet den slitne sorgen i mitt hjerte. Du smilte imot meg. Ja, det så nesten ut som om du lo.

Jeg satt meg ned på stolen med rak rygg som den dronningen jeg var. Du tok frem ett fat med frukt og satt det på bordet i mellom oss. Du gav meg en saftig, søt drue, som jeg tygget i meg. Jeg lo litt forlegent, og mumlet frem en flåsete setning som fikk deg til å smile. –Spis av mine frukter, og drikk av mitt vann, sa du og tok frem ett glass med krystallklart vann. Jeg drakk vannet som smakte som den søteste nektar, og kjente meg ny og frisk. Inspirasjon og vellyst veltet innover meg og gav meg nytt liv på innsiden. Ett liv som jeg ivret etter å dele med andre. Men ikke enda. Nei. Senere kanskje. Jeg så meg selv smile, og jeg tok hånden din. Jeg klemte den og kjente din varme og styrke gli over i meg.

Nå ville jeg bare sitte her litt til og kjenne din nærhet. Drikke av ditt vann og spise av din frukt. Og så, når jeg hadde sittet her lenge nok, ja, da skulle jeg gå ut som den dronningen jeg var, og fortelle alle om deg. Men først skulle jeg sitte her litt og nyte omgivelsene i min dronnings prakt. Ved din side, min elskede, min konge.
«du er vakker min kjæreste, det finnes ikke noe lyte på deg»

Guds fulle rustning

Hun var en vandrer, og hadde reist langt. Denne gangen besto utfordringen i den tørre ugjestmilde ørkenen som omringet henne. En ørken som besto av rullende sanddyner hvor enn hun så. Ørkenstormen hun hadde havnet midt oppi rev og slet i klærne hennes og gjorde det vanskelig å gå. Hun knep igjen øynene for å unngå å få de mikroskopiske støvpartiklene i øynene. Hun ble kalt et ørkenens barn. Men for de som kjente henne, var hun et lysets barn, for med sin sterke tro og hjelpende sinn, hjalp hun alle rundt seg. Hun hjalp dem ved å styrke deres tro, ved å fortelle dem at ett eller annet sted der ute fantes det en Gud som aldri sviktet, aldri forlot dem.

Hun hadde vandret mange ganger i ørkenen og hun trodde hun kjente den. Men hver gang hun kom hit igjen, var alt forandret, og sanden som fløt over dynene dro med seg tidens glemte minner. Men denne gangen var det ekstra tøft. Aldri hadde hun opplevd en slik storm som forvirret hennes tanker og gav næring til tvilen som hele tiden fulgte henne som en kjær følgesvenn.
Hun presset sjalet mot munnen og nesen; et sjal hun hadde surret rundt halsen til beskyttelse mot den brennende solen på himmelen, og sandens lunefulle vandring igjennom luften. Hun famlet seg framover i den kraftige vinden som prøvde å kaste henne fram og tilbake. Hun strakte fram hånden foran seg i ett ynkelig håp om å gripe tak i ett eller annet der ute som kunne hjelpe henne videre. I den andre hånden klamret hun seg fast til bibelen, Guds ord. Men den var ikke bare ordet, men også hennes sverd. Ett sverd som hadde hjulpet henne mange ganger i årenes løp, når hun hadde stått ansikt til ansikt i de mest grusomste kamper. Den hadde alltid vært hennes trofaste følgesvenn både i tykt og tynt. Aldri om hun ville gi slipp på den; hennes

mest dyrebare eiendel. Om det smale livet hennes bar hun sannhetens belte. Hun gikk aldri noen steder uten å ikle seg det, for alt hun foretok seg, gjorde hun i sannhetens tjeneste. Brystet og ryggen var dekket av rettferdighetens brynje. For hun var en rettferdig tjener, rettferdig for Gud. På bena hadde hun surret to mørkebrune sjal for å verne de ømme bena mot sandens grusomme varme. På sjalene var det skrevet inn med gullskrift fredens evangelium. Dem skulle minne henne på å aldri frykte for noe ondt. Derfor fryktet hun ikke, selv om hun nå var omringet av en storm hun aldri til nå hadde opplevd. På hodet hadde hun frelsens hjelm, som beskyttet henne mot alle tanker som måtte prøve å skade hennes frelse. På den ene armen hang troens skjold som beskyttet henne hver gang ondskapens brennende piler ble kastet mot henne. Skjoldet var ett uunnværlig redskap i kampene hun utspilte. Hun var en kriger utsendt av Gud, et lysets barn som var villig til å gå, om det så ville bli hennes endelikt.

Med det samme forsvant stormen som raste rundt henne, like fort som den hadde kommet over henne. Hun åpnet øynene og stirret stivt mot en urgammel ondskap som sto foran henne. Ett vesen stirret på henne og øynene lyste av ren ondskap, så dyp at det ikke fantes bunn i dem. Hun stirret med gru på dette vesenet som var kledd i filler over en mager lang kropp. Men hun var ikke redd, for fredens evangelium var surret rundt hennes føtter og gav henne en dyp fred. Hun stirret forundret på denne skapningen som våget å konfrontere henne. Visste den ikke hva hun var? De smale leppene trakk seg ondskapsfullt oppover i noe som skulle ligne ett smil. I det han åpnet munnen, løftet hun instinktivt skjoldet beskyttende opp foran seg. –Jaså, så du er ett barn av lyset? Ja, du er jo bare et barn, flirte den hest. Ordene som ble slynget mot henne forvandlet seg til brennende piler som smøg seg forbi skjoldet hennes, og traff hjelmen hun hadde på hodet. Men i det de traff hjelmen, falt de til jorden og ble borte. Hun stirret på vesenet med lynende øyne og kjente en harme bli vekket i hennes indre. –Hva vil du meg, du mørkets tjener, sa hun med autoritær stemme som fikk vesenet foran henne til å ta ett skritt bakover. Han betraktet henne ett øyeblikk, studerte henne med ett intens blikk som fikk henne til å tenke på en katt som studerte en mus. Skapningens smil ble straks bredere og hun stirret vaktsomt på det. –Vi er like du og jeg. Vi kan jo slå følge på veien, sa vesenet med hes stemme som nå hadde fått noe forførende over seg. De brennende pilene traff skjoldet hennes og sluknet før de traff jorden. –Jeg er ikke som deg, du mørkets tjener. Jeg er tjener av lyset, så jeg spør igjen, hvem er du? Stemmen dirret. –Vet du ikke det, barn? Du av alle bør vite hvem jeg er. Vesenet smilte ondskapsfullt. Hun rynket forvirret på øyenbrynene. Hun kunne ikke huske å ha støtt på dette grusomme vesenet før. –Jeg er nesten litt skuffet, men bare nesten. La meg opplyse deg, sa det med hånlig stemme. –Jeg er begjær, jeg fulgte deg den dagen du var på fest, husker du ikke? Jeg var der da du trådde over den forbudte grensen for det som er lovlig for dere lysets barn, sa den silkemyke stemmen. –Jeg er hat, og fristet deg til å hate din beste venn etter at hun hadde såret deg dypt. Jeg er ondskapens glede, som hjalp deg å drikke mer alkohol enn du ønsket, da du ikke klarte å si nei. Jeg blir også kaldt ødeleggeren, husker du ikke? Den gangen du ødela ett menneske med ord som stakk. Hun stirret med store øyne på vesenet som fortalte henne bruddstykker fra hennes liv. Men skapningen foran henne var slett ikke ferdig. –Jeg er løgneren, og fulgte deg da du løy for foreldrene dine for å slippe billig unna. Jeg er distraksjon som fikk deg til å gjøre noe annet enn å be. Jeg er frykt og var der den gangen du kjente angsten svøpe deg inn i ett ubehagelig teppe. Jeg er depresjon og klarte nesten å få deg til å ta ditt eget liv. Husker du hvilke synd du da hadde begått, sa vesenet og løftet utfordrende det ene øyenbrynet. –Jeg er også selvmedlidenhet, for det er jo så skrekkelig synd på deg, sa vesenet hånlig og tok ett skritt mot henne. –Jeg er ensomhet, da du trodde du var helt alene i verden. Jeg er skammen som brenner i dypet av ditt hjerte. Jeg er det rasende temperamentet ditt, som fikk deg til å slå ett menneske du ikke ville skade. Ja, jeg er kort sagt din beste og aller nærmeste følgesvenn.

En tung stillhet senket seg rundt dem og hun stirret som paralysert på vesenet foran seg. Skjoldet hun hadde på armen var glidd ned under triaden av hennes synder som dette vesenet hadde pekt på. For første gang i hele sitt liv sto hun skamfull og følte seg sårbar. Hun begynte å fryse på føttene, tross den brennende varme sanden under dem. Og hun stirret ned på de bare føttene som ikke lenger hadde sjalene drapert rundt seg. Beltet rundt livet hennes var smuldret borte. Hun trakk pusten og kjente til sin overraskelse at det var vanskelig å puste. Brynjen gav henne ikke lenger beskyttelse, for den var borte. Hjelmen hun hadde på hodet tok fremdeles noen av pilene, men ikke alle. Tvil og frykt omsluttet henne og fjernet hennes beskyttende rustning. Den avkledde henne slik at hun tilslutt sto igjen naken og sårbar. Hun falt ned på knærne utmattet og sliten av de brennende pilene som boret seg inn i hennes sjel og gav henne lidelser hun ikke hadde trodd var mulig. Vesenet gliste skadefro til henne. Noen halvkvalte ord fløt ut av de sprukne leppene hennes, og hun ba det eneste hun kom på. –Jesus, hjelp meg, gi meg styrke, tilgi meg! –Hvor er din Gud nå? Skapningen foran henne lo hest og de hånlige ordene han slynget mot henne favnet henne som klamrende armer. Hun knuget det eneste hun hadde igjen; Bibelen, inntil seg.

Plutselig kjente hun en mektig kraft strømme mot henne ett sted bak henne. Og idet hun kjente en varm hånd legge seg på den ene skulderen hennes, smilte hun lettet. Jeg visste du aldri ville forlate meg. Du elsker meg for høyt til det. Vesenet rygget skremt bakover i det den stirret inn i de lynende øynene til Jesus. Hun løftet hodet og Jesus smilte varmt ned til henne. Han løftet henne opp så hun ble stående foran ham. Han satte en brynje av rettferdighet over brystet hennes, og spente den fast med sannhetens belte om livet. Han styrket frelsens hjelm som var blitt medtatt i kampens hete. Han satte seg ned ved de slitne bena hennes og surret på nytt rundt henne sjal med fredens evangelium, og hevet troens skjold på armen hennes. Hun kjente en vrede gitt i fra Gud fylle henne og stolt løftet hun bibelen opp mot himmelen. Med det samme ble bibelen til ett juvelbesatt, knivskarp sverd som lå lett i hånden hennes og gav henne mot og styrke. Med lynende øyne og dirrende stemme ropte hun ut ord som fylte hennes hjerte og sinn. –Vik fra meg du mørkets tjener, for du eier meg ikke og du har ingen ting med meg å gjøre! Jeg er fri i Jesu blod og i Jesu navn! Vesenet foran henne ynket seg og skalv over hele den magre kroppen. Han løftet hendene beskyttende opp foran kroppen sin og slo blikket ned mot jorden. Fryktens tjener var selv blitt en slave av frykten. Hun tok ett modig skritt mot den usle skapningen, fremdeles tett fulgt av Jesus. - Jeg har fått tilgivelse for alle mine feil og alt jeg har gjort galt, du har ingen makt over meg. For Jesus har frigjort meg, jeg er ren og beskyttet i Jesu blod og det offer han gav på korset, i Jesu navn. Hvert ord hun slynget mot vesenet, skar seg inn i ham som skarpe kniver. Hun svingte sverdet over hodet, og all kraft, styrke og tyngde av Guds ord sveipet igjennom atmosfæren. Skapningen hylte høyt. Den magre kroppen ble truffet av sverdets skarpe egg. Idet vesenet traff bakken, forsvant det i en svart røyk og ble borte.

Stillheten senket seg atter rundt henne og hun vendte seg mot sin frelser. Skjelvende knelte hun ned foran hans føtter. –Takk, min gode Gud. Jesus stirret på henne med milde, kjærlige øyne og han smilte stolt. –Takk, hvisket hun en gang til, og stirret på ham igjen, med et tilbedende blikk. Jesus gav henne litt vann i en flaske av lær han hadde i hendene sine og hun drakk begjærlig av livets vann. Hun tørket seg rundt munnen da hun var ferdig. –Jeg er alltid med deg, mitt barn. Du er aldri alene og jeg hjelper deg når du ber meg om det, sa han før han hjalp henne opp fra bakken. Hun følte seg fornyet, sterk og ren. Han smilte til henne før han ble borte for det synlige øye. Hun kunne fremdeles kjenne hans nærvær og visste at han aldri ville svikte henne, selv om hun sviktet ham igjen og igjen. Hun vendte seg mot de tørre sanddynene foran seg og fortsatte vandringen sin igjennom ørkenen. Snart ville hun komme til rennende bekker og grønne skoger. Hun hadde ett mål, og det var å hjelpe mennesker fra å velge den evige død. Og hun ville aldri gi opp, om det så ville bli hennes endelikt.

«Jeg vil føre de blinde på en vei de ikke kjenner, jeg vil lede dem på ukjente stier. Jeg vil gjøre mørke til lys foran deres ansikt, og Jeg gjør ulendte steder jevne. Alt dette skal jeg gjøre for dem og ikke forlate dem»

Døren

Kvinnen sto foran de massive dørene i eik. Det var to av dem, den ene sto allerede åpen og gav henne et innbydende syn inn i en framtid som oste av fred og lykke. Landskapet var vakkert, grønt og friskt. Men for å gå gjennom denne døren, måtte hun gi i fra seg den tunge sekken hun bar på. Sekken inneholdt det kjæreste hun eide; skattene sine. Den andre døren var lukket, og for å gå igjennom denne måtte hun åpne den først. Hun rynket øyenbrynene, nysgjerrig på hva som befant seg bak denne døren. Hvis hun valgte denne døren kunne hun ta med seg den kjære sekken sin, med de kostbare skattene. Hun sukket tungt og bet seg usikkert i leppen. Hun heiste sekken bedre opp på skulderen og kjente børen tynge henne ned. Hun stirret i fra den innbydende åpne døren til den lukkede døren. Og hun tok sitt valg. Den siste døren vant. Da kunne hun trygt ta med seg sekken. Hun gikk mot døren og dro hardt i dørhåndtaket. Men den rikket seg ikke, som om den ikke ønsket å slippe henne inn. Hun rynket øyenbrynene irritert og tok tak i håndtaket med begge hendene og gav alt hun hadde av krefter for å få den opp. Til slutt gav den forsiktig etter og hun dyttet opp døren med skulderen. Hun trakk pusten dypt, musklene protesterte svakt i det hun heiste sekken bedre opp på skuldrene. Hun tørket svetten av pannen, og stirret opphisset mot døren hun hadde klart å få opp. Hjertet banket fort og hun skalv lett av adrenalinet som flommet igjennom henne. Hun kastet et siste blikk på den andre døren før hun smilte unnskyldende, rettet seg opp og gikk igjennom døren hun med egen anstrengelse hadde klart å få opp.

I det hun gikk over terskelen og ut på den andre siden, stoppet hun brått og stivnet av frykt. Synet som møtte henne var skrekkelig. Hun stirret med angst på en mørk bred vei som strakte seg foran henne så langt øyet kunne se. Torner og tistler vokste langs veien og bredte seg over den, som om det var for lite plass for dem i grøften. Veien var dekket av hull og ujevnheter og en tykk tåke kjærtegnet den og gjorde det vanskelig for henne å se den klart. Hun svelget tungt og overmannet av panikk spant hun rundt for å løpe inn igjennom døren igjen. Men døren var ikke lenger åpen, den var lukket. Hun grep desperat etter håndtaket, men det var ikke noe håndtak å ta tak i. –En enveis dør, mumlet hun fortvilet og snudde seg tilbake mot veien igjen. Hun presset ryggen inn mot døren og hjertet banket hardt i brystet hennes. Hva nå? Hun hadde ikke noe valg, hun måtte gå på denne veien, fullføre det hun hadde valgt. Det var ingen vei tilbake. Hun hadde tatt valget, og nå måtte hun betale prisen. Skjelvende tok hun et godt tak i reimene på sekken og gikk med nølende skritt inn i tåken. Tornene langs veien strakte seg ut mot henne og hektet seg inn i klærne hennes. De rev opp buksene til filler og blod rant fra sårene de etterlot, på den bleke huden hennes. For hvert steg brant det under bena hennes, og skoene hennes ble fort slitte og ubrukelige. Neslene slynget seg om bena på henne og gjorde det vanskelig for henne å gå. Det stakk, svidde og brant i henne. Hun hylte av smerte idet hun tråkket på en skarp stein, og i neste øyeblikk snublet hun i ett dypt hull. Hun tok seg for idet hun traff bakken, og smerten ilte igjennom armene. Sekken på ryggen hennes var tung og anstrengelsene fikk henne til å svette. Hun reiste seg langsomt og skjelvende og bet seg hardt i leppene. Hun kjente blodsmak i munnen. Hun myste framfor seg, men den tykke tåken hindret utsikten. Hun visste ikke hvor hun var på vei, eller hvor langt det var før hun traff noen eller noe som kunne hjelpe henne videre. Motløsheten strømmet over henne og fortvilelsens tårer rant nedover de oppskrapte kinnene hennes. Panikken slo henne kraftig og nådeløst, og i desperasjon begynte hun å løpe. Hun strakte begge armene ut foran seg, i håp om å verne seg selv for de grusomme tornene som rispet henne opp. Hun bakset vilt med armene i det hun kjente noe dra henne i ermet. En hvesende latter omringet henne og hun løp skrekkslagent videre, bort fra latteren som hun ikke visste hva var, eller hvor kom i fra. Hun kjente seg utmattet og sliten, og snublet i enda ett hull. Hun stupte framover og landet i en diger grop med hodet først. Pusten ble slått ut av henne. En skarp smerte bredte seg i hodet hennes, og hun stønnet lavt. Hun tok seg til hodet og åpnet øynene.

Det var mørkt i gropen hun hadde falt ned i. Det var knapt nok plass til henne, der hun sto skjelvende og stirret opp mot åpning over henne. Alt hun så var en tung tåke som dekket henne og hindret lyset i å nå henne. Hun slo hendene foran ansiktet og sank ned på bakken med bena trukket oppunder seg. Hun hulket så skuldrene ristet. En bitter følelse av å ha feilet omsluttet henne og en vond klump av anger brant i henne. –Så dum jeg er! Kjære Jesus, tilgi meg! Jeg var så dum, hulket hun høyt ut i stillheten. –Kjære Jesus, jeg visste ikke… Hvordan kunne jeg vite hvor døren førte hen? Kjære Jesus, jeg ber deg; Hjelp meg! Hun gråt, og bønnen stilnet i hese klynk.

Med ett skinte ett kraftig behagelig lys ned mot henne. Hun løftet hodet og blunket forvirret. Hun myste mot lyset som virket som om det ble skarpere og skarpere for hvert sekund. Hun så en mann tre fram fra lyset. Mannen var kledd i en hvit fotsid kappe, og ansiktet var rent og vakkert og strålte av en fred hun knapt kjente. Han strakk ut en hånd mot henne, og i hånden var det ett dypt sår. Hun la skjelvende hånden sin i hans og han dro henne opp av fordervelsens grunn. Hun stirret forundret inn i det hellige ansiktet hans, og var ikke sikker på om hun drømte eller var våken. Jesus løftet hånden og tørket tårene hennes. Han smilte mildt og kjærlig til henne. –Tilgi meg, sa hun med hes stemme. –Om du vandrer i dødsskyggens dal, vil jeg være med deg, sa han med dyp, mild stemme som gav balsam til hennes skadede sjel, og trøst til hennes slitne hjerte. Hun sukket lettet, glad for at han ikke hadde latt henne være alene. Jesus løftet henne med det samme opp og bar henne videre bortover veien. Over nesler og tordner som ikke lot til å berøre ham. Tåken lettet langs veien slik at han så hvor han gikk. Hun lente hodet inntil skulderen hans, sliten og medtatt, omsluttet av en varme og fred hun ikke hadde visst at hun savnet. Hun måtte ha sovnet, for i neste øyeblikk løftet hun blikket og så foran seg grønne enger og frodig skog ved enden av veien. Fuglene sang muntert og himmelen var så fantastisk blå. –Hvorfor måtte jeg oppleve alt det grusomme, Jesus? Spurte hun, i det han satte henne varsomt ned i det frodige gresset som kjentes kjølig under de såre føttene hennes. Han så på henne med et mildt blikk og ett sørgelig smil rundt den vakre munnen. –Det var ikke denne veien jeg hadde planlagt for deg. Jeg ville du skulle velge den andre døren; den jeg hadde åpnet opp for deg, men du valgte din egen vei. Du valgte å stole mer på deg selv enn på meg. Hun stirret skamfullt ned i bakken under seg. Klarte ikke å møte det kjærlige blikket hans, som var uten fordømmelse, uten anklage. Men hennes eget hjerte var langt fra like skånsomt. Det fordømte hennes valg og gjerninger.

Jesus la fingrene sine under haken og vendte ansiktet hennes opp mot seg. –Jeg fordømmer deg ikke, mitt barn. Jeg har gitt deg den frie vilje og du brukte den til å ta et annet valg enn jeg ønsket for deg. Du påførte deg skader som jeg ønsket å spare deg for. –Men herre, hvorfor forlot du meg? Jeg var ensom og alene, sa hun forvirret. Jesus smilte varmt og ristet lett på hodet. –Jeg vendte meg aldri bort fra deg. Jeg så deg og var sammen med deg hele tiden. Men du så meg ikke. Og erfaringen du har pådratt deg, har beriket deg på mange måter. Jeg vil lege de sår du har påført deg selv og jeg vil at vi skal gå videre sammen, sa han mykt. Hun begynte å gråte, denne

gangen over legedommen denne barmhjertige kraften gav henne. Hun tørket tårene, og følte seg lettet og fri. Sekken hun hadde båret på ryggen lå igjen i hullet hun hadde snublet i. Men hun savnet den ikke. Gaven hun nå hadde fått var mye mer verdifull, og hun smilte glad mot sin elskede Jesus, og tok hånden han strakte ut mot henne. Med en usigelig lykke gikk hun sammen med ham på den veien som opprinnelig hadde vært tiltenkt henne, veien til lykke, fred, glede og frihet.
«Om du vandrer igjennom dødsskyggens dal vil jeg være med deg og lede deg».

Korset

Solen gav fra seg skinnende, varme stråler på den blå himmelen. Hun sto og betraktet en fugl som hoppet i fra gren til gren i ett enslig tre like bortenfor henne. Luften rundt henne var varm, og den svale brisen rusket henne lett i de mørke krøllene. Men hun klarte ikke helt å nyte denne varme, strålende dagen. Hun følte seg ensom og alene, så bundet og fanget.

En underlig lyd trengte seg igjennom de dystre tankene hennes. Den umiskjennelige lyden av piskeslag. Hun grøsset lett, og hørte lyder av høye rop, uro og sinte skjellsord. Hun vendte seg nysgjerrig mot en urolige folkemassen som trengte seg sammen like i nærheten av henne. Hun løp bort til dem, og brautet seg igjennom den tette muren av menneskekropper som dyttet og sparket for å se bedre på det som utspilte seg foran dem. Mange av dem hadde løftet knyttneven opp mot himmelen, og de ropte ut hatefulle ord hun knapt forsto. Hun ble dyttet framover og sto plutselig helt foran i mengden. Hun stirret inn i den lille åpne plassen foran henne og så en enkel mann stå lenket fast til en enslig stolpe. Kroppen hans var blodig og forslått. Han var kun iført ett lite stykke tøy rundt livet. En soldat sto like ved og holdt hardt rundt en ni-armet kattepisk som hadde spor etter revne kjøttbiter i de skarpe taggene på den lille kulen i enden av pisken. Soldaten tørket svetten av pannen sin og sveipet pisken på ny mot den forslåtte mannen som hang i stolpen. Ansiktet var vendt nedover mot den tørre jorden under ham. Øynene var lukket, og smerte preget det vakre blodige ansiktet hans. Omkring hodet, hadde han en tornekrone som skar seg inn i huden, og etterlot seg strimer av blod. Mennesker sto rundt ham i en sirkel, og gav kraft til hvert slag denne mannen fikk. Hver gang pisken for over ryggen og tok med seg en del av ham, skar han en grimase. Folkemassen dyttet i henne, og hun ble presset nærmere denne mannen. Med ett la hun merke til at hånsord ble slynget ut av sin egen munn, ord hun aldri før hadde ropt ut mot noen mennesker.

Plutselig åpnet mannen øynene, og han så på henne med ett intenst smertefullt blikk. Men hun så ingen fordømmelse, bare kjærlighet. Hun stoppet å rope, og taust stirret hun inn i de milde øynene. Hun så sin egen lengsel etter fred i dem. Det gikk opp for henne at denne mannen slett ikke var en fiende, men at det var henne selv og folkemassen rundt henne som var fienden. I blikket hans så hun medfølelse og sorg. Hun orket ikke å holde blikket hans stor lenger, og senket det ned mot bakken. Hun kjente seg skyldig i noe hun ikke ønsket å ta del i. Hun løftet blikket igjen og så at han hadde lukket øynene. Han kjempet mot smerten, og svetten rant nedover ansiktet hans og blandet seg med blodet. Slagene fra pisken stilnet, og folkemengden gav fra seg ett misfornøyd sus. Soldatene som hadde stått og sett på, løsnet armene hans og hjalp ham med å stå oppreist på de skjelvende bena. De la en blodrød kappe over skuldrene hans, og folkemassen fortsatte å rope skjellsord mot ham. Soldatene knelte hånlig for ham, og kalte ham konge. De løgnfulle anklagene var mange. Frykten grep tak i henne, og hun så at soldatene grep ham i armene. De dro ham oppover mot en høyde. Vaklende fulgte hun folkemassen som dyttet henne framover. Denne høyden kjente hun så altfor godt. Den ble kalt Golgata. Mannen de hånte fikk kraftige nagler igjennom hendene og føttene, og ble langsomt hengt opp på et kors. Folkemassen rundt henne jublet vilt. Matt av frykt falt hun ned på kne foran korset. Noen kvinner gråt og hylte like ved. Hun stirret opp på mannen som hang der, og sinnet veltet opp i henne. Hun skjønte ikke hvorfor hun var sint. Hun ble overmannet av skyldfølelse og følte hun at var en del av denne lynsjingen. Det ble hengt ett lite skilt i tre over hodet hans. Skjelvende bet hun seg hardt i leppen. Hun skjønte ikke hvorfor hun reagerte så kraftig på denne mannen, hun kjente ham jo ikke. Hadde aldri møtt ham, bare hørt rykter om at han hadde utført undrer og mirakler. Men det føltes som om han kjente henne. Hun stirret opp på ham og kjente kvalmen og skyldfølelsen kjempe om plassen i henne. Hun måtte tvinge seg til å se på ham, og avskyen hun kjente gjorde henne kvalm. Han lignet ikke et menneske, *så* ille tilredt var han.

Han åpnet plutselig øynene og stirret på henne. Kjærlighet strålte i mot henne. Hun åpnet munnen og prøvde å si noe, hva som helst, men stemmen bar ikke ordene hun hadde i sitt hjerte. Hun skalv, og tårene rant i det hun hulket dype smertefulle hulk. Hun gråt for sin egen maktesløshet, sin egen svakhet, men mest av alt gråt hun for ham. Noen dråper av blod falt på hodet hennes, blod i fra sårene til mannen over henne. En uverdig følelse bredte seg i henne og fikk henne til å falle med ansiktet mot bakken. Hun hørte seg selv hviske «herre», med skjelvende lepper og en stemme det ikke var kraft i. Sinnet og bitterheten forsvant og folkemassens hånlige rop hørtes svakt i det fjerne. Hun reiste seg fort opp, og brukte de få kreftene hun hadde igjen til å vende folkemassen ryggen. Hun løp fort ned fra Golgata. Det ble for mektig for henne, for mye å bære. Folkemassens ord ble svakere og svakere jo lengre bort i fra dem hun kom. Hun stoppet og stirret på mannen som hang på korset. Han hadde løftet ansiktet mot himmelen, og ett lidelsesfullt utrykk gled over det vakre ansiktet hans. - Sannelig, han var Guds sønn, hvisket hun hest og noe hadde forandret seg inni henne. Hun hadde endelig fått fred.

Hun stirret opp mot himmelen som hadde mørknet betraktelig. Skyene smeltet inn i hverandre og etterlot seg ett kraftig drønn. Hun dro sjalet over de mørke lokkene og gikk sakte bort. Hun kjente seg så fri, så ren. Hun smilte lett og gikk bortover veien som førte henne hjem. Nå visste hun at hun aldri trengte å føle seg fanget igjen. Hans død, hadde gjort henne fri.

«Korset renser oss i fra all synd»

Fra døden til livet

Gud: Et slikt mektig navn, så rettferdig, god og stor. Så full av makt og uten synd. Mennesket: Så svakt, så lite, så rent og uskyldig, fra sin begynnelse av. Skapt av Gud den høyeste, men synden blandet seg inn og lagde en stor avgrunn mellom mennesket og Gud. Noe som en gang var rent, ble til synd og skam. Fellesskapet og enheten ble brutt.

Mennesket vendte Gud, sin skaper, ryggen, og gikk sine egne syndefulle veier, farget av syndens farge. De valgte veier bort fra den allmektige. Mennesket vandret hvileløst omkring på jakt etter svar de allerede var i besittelse av. I sin nysgjerrighet lette de på feile steder; i mørke kroker der villfarelse rådet. Noen av dem prøvde å komme over kløften med egne hjelpemidler, men avgrunnen tillot ingen å passere, og slukte dem i stedet. Andre gav opp og sto og stirret med sorg over på den andre siden, på det som en gang hadde tilhørt dem. Andre igjen trakk likegyldig på skuldrene og virret hvileløst omkring på jakt etter noe de selv ikke visste hva var.

Men så skjedde det fantastiske, det utrolige som hadde blitt profetert fram i fra begynnelsen av. Jesus kom og utfylte kløften av synd ved sitt kors. Mennesket kunne nå gå over til den andre siden uten å frykte avgrunnen.

Jesus: Sønn av Gud, ble en bro fra døden til livet. Mennesket fant Gud i sin renhet og lykke. Syndens farge ble erstattet av herrens nådefulle farge.

Men mange mennesker gikk fremdeles sin egen vei, og ville ikke se det Jesus ofret for dem. Klarte ikke å ta i mot det enkle budskapet. Mennesket var dødt, men ble levende i Jesus Kristus. Mennesket ble skapt av Gud, synden var, men er ikke mer. Mennesket søkte nysgjerrig etter svar, men fant det ikke. Andre igjen, søkte og fant sannheten. For Jesus er veien, sannheten og livet. Nå er mennesket igjen fritt, slik det var ment fra begynnelsen av. Gud den allmektige ofret sin eneste dyrebare sønn, i kjærlighet til hans skaperverk. Gud: Ren, hellig og uten synd. Så stor, så god, så rettferdig. Gud den allmektige.

«Med en evig kjærlighet har jeg elsket deg»

Syndens lønn

Fire øyne møttes, den ene var en kvinne, den andre en mann. Hun smilte ett lite sjenert smil, han gjengjeldte smilet. To sjeler, en følelse. De sto med sammenflettede fingre, henført i hverandre. Edens hage var skapt for dem.

Rommet de sto i, virket så lite og sengen så stor. Hun stirret på hans nakne kropp. Så fantastisk, så perfekt, skapt av Gud. Han stirret på hennes nakne kropp, så myk, så vakker og så flott. Det brant en ild i mellom dem, en ild som bare kunne slokkes ved kjærtegn. Det var en god, men allikevel forbudt ild, som brant lystig.

Kvinnen og mannen sto under treet. Store, saftige frukter hang ned i fra de grønne grenene og fristet dem. Hun så på ham og smilte. Slangen kveilet seg rundt trestammen og hveste smilende mot dem. Snart ville de være i hans hule hånd.

Han lå på sengen og fiklet forlegent med en flik av dynen. Hun satte seg ved siden av ham, og begjæret i mellom dem var gnistrende og intenst. Tankene svirret rundt i hodet på dem begge. Skyldfølelsen lå som et tykt teppe mellom dem, dårlig samvittighet for noe de enda ikke hadde gjort. De var jo ikke gift.

Kvinnen så på frukten foran henne, den var så alt for fristende. Slangen smilte og fortalte henne om visdommen, kunnskapen og alt hun ville få hvis hun plukket frukten.

Mannen stirret på sin elskede, så ren og vakker, så fantastisk perfekt skapt. Og han så at hun stusset, nølte og sendte ham ett nervøst, men begjærlig smil. Hun strakte hendene mot ham, og sengen gav litt etter i det han tok i mot henne. Ingen andre enn dem selv visste hva som var det neste som kom til å skje. Lepper mot lepper, kropp mot kropp, og smaken var søt før den ble så altfor bitter.

Kvinnen strakte ut hånden mot mannen. I hånden lå en fristende frukt. Hun hadde alt smakt den søte smaken. Han tok frukten og smakte på den. Han visste hva han gjorde, og visste at det var galt. Men han kunne ikke si nei, ikke til sin elskede som selv hadde spist av frukten.

Gråt brøt igjennom stillheten, en kvinnes store tårer rant ned på puten. Tårer av skam og skyld. Hun lå med ryggen til ham med anger og smerte gjemt bak de lukkede øynene. Ikke lenger ren og uskyldig. Ikke lenger uvitende, men full av ny kunnskap. En blodflekk skapte en ubarmhjertig kontrast til det hvite lakenet. Hun hadde gitt ham sin uskyld. Blod fra en jomfru; så rent og rødt som syndens frukt.

Frukten lå på bakken. Latteren til slangen brøt igjennom stillheten. Kvinnen og mannen hadde forlengst gjemt seg, for de så at de var nakne. De var redd, redd for det ulovlige de hadde gjort. De gjemte seg i synd og skam, ikke lenger ren og uskyldig. Fire mennesker, *en* tanke, *en* handling, *en* synd…
«For det er ingen fordømmelse for den som er i Jesus Kristus»

Som dine dager er...

–Som om jeg visste noe… Hun sto skjelvende av frykt og desperasjon foran Herren. Det tårevåte blikket hennes søkte fortvilt svar, en liten flik av nåde. Angsten lyste ut av de blå øynene henne, og stemmen skalv. –Hvordan kunne jeg vite, hvisket hun anklagende. Ordene kom halvkvalt og stotrende. Lyset som strålte ut fra herren var så alt for mye for henne. Hun orket knapt å se på ham, han var for ren og hun var for skitten. Hun vendte seg mot en ung gutt som sto like ved henne. –Se, ropte hun og pekte skjelvende på gutten. Hun vendte blikket desperat mot herren igjen. –Han sa aldri noe, han løftet ikke en finger for å si til meg at du var veien, at du var livet. Det er hans skyld. Gutten stirret skyldbevisst og sorgfullt på henne. Øynene hennes lyste av fortvilelse, der hun knelte for Herren den allmektige. –Vær så snill, gi meg en sjanse til, bare en, bønnfalte hun med tårevåte øyne. Herren stirret trist på jenten foran seg. En jente han elsket over alt. Han utstrålte rettferdighet og mildhet. –Beklager, barn, du fikk din sjanse på jorden, du fikk et valg, og du tok det. –Men.., men…, stotret jenten. –Er ikke du Gud? Er vel noe umulig for deg? Vær så snill, se i nåde til meg, tryglet hun. Herren sukket dypt. –Dessverre barn, jeg er en rettferdig Gud, og derfor kan jeg ikke ta det som ikke tilhører meg, sa han trist. Hun hulket, og store tårer trillet nedover de bleke kinnene hennes. Hun vendte seg mot den unge gutten. –Hvorfor, hvisket hun gråtkvalt. –Hvorfor fortalte du meg aldri sannheten, hvorfor lærte du meg aldri veien, hvorfor tvang du meg ikke til å tro? Gutten stirret på henne med en hjelpeløs anger og smerte i de brune øynene. –Hvorfor, ropte hun fortvilet, men spørsmålet forsvant i det en stygg skapning trådte fram fra skyggene, og grep om den spinkle armen hennes. –Nei, hylte hun skrekkslagent. –Nei, vær så snill... Men i vesenet var det ingen nåde, ingen rettferdighet. Han dro henne med seg og smilte triumferende for seg selv i det de forlot dem.

Herren lukket øynene og en mektig vrede tentes i ham. En vrede over at djevelen plukket mennesker som var ment å tilhøre ham. Herren åpnet øynene og stirret på gutten som hadde observert alt sammen. Han sto med senkede skuldre og nedover vendt blikk. –Løft blikket mitt barn og kom inn i helligdommen sammen med meg, sa herren mildt. Gutten stirret på herren og bet seg i underleppen, det var ikke noe han heller ville enn å tre inn i himmelriket, men…–Herre, kan du ikke heller sende meg tilbake til jorden slik at jeg får advart menneskene og hjelpe til med innhøstning? Herren smilte varmt mot ham. –Din tid er over på jorden, mitt barn, du har gjort ditt. La dem som er igjen gjøre sitt, sa herren mykt. Gutten sukket og slo ut med hendene. –Men, herre, om du bare kunne gi meg en dag, en time, så ville jeg ropt det ut i gatene, jeg ville fortalt om deg til familie og venner. Herren stirret inn i det bedende blikket til gutten og han ristet på hodet. –Nei, jeg kan ikke det. For om mennesker ikke tror på dem som er igjen på jorden ville de heller ikke tro på deg om du kom tilbake til dem. –Men herre, du ser jo at mange kristne slumrer og sover. De har ikke tid til å fortelle mennesker om deg, til å tjene deg. Samfunnet sluker dem og stjeler tiden deres, troen deres. Herren sukket lett og smilte varmt mot ham.
–Ja, slik er det, men jeg har tro på mine disipler, mine venner. Jeg er en tålmodig Gud, og gir ikke opp håpet for dem som er igjen på jorden. Jeg vil heie dem i mål, oppmuntre dem videre, og gi dem det de trenger for oppgaven som ligger foran dem. Gutten så fortvilet på herren. –Men om de bare visste, sa han, og stemmen stilnet i en taus bønn til Gud. Herren nikket og øynene hans glimtet lattermildt mot ham. – Mitt elskede barn, de vet… Herren fulgte gutten inn i himmelriket der ingen sorg og smerte, ingen anger og synd eksisterte. I det porten lukket seg, ble det stille der de nettopp hadde stått. Bare et lite ekko hang igjen i tomheten. Et ekko av ord som inneholdt stor kraft: DE VET...

«for hver den som påkaller herrens navn, skal bli frelst»

Splittelse.

To mennesker, en tro. En tro til styrke og enhet. Men troen ble til forvrengte bilder av noe som var så enkelt, godt og ukomplisert. En kjærlighet som var verdt å dø for. En tro som var ment å føre mennesker sammen, som var ment å styrke enheten, ble til en avgrunn. To mennesker valgte hver sin vei. De sto sammen i tykt og tynt, men han valgte å slippe hennes hånd, vende seg bort i fra Gud og gå sin egen vei. Hun kunne velge å gå sammen med ham, men innerst inne visste hun at hun egentlig ikke hadde noe valg. Hun ville velge Gud. I sitt hjerte var de splittet, de kunne aldri mer vandre på den samme vei i enhet. En fremtid, en verden som var deres, ble så altfor brått revet bort. Valget de tok, etterlot seg en dyp sårbarhet og smerte. Men hun hadde fremdeles ett valg om å følge sin elskede. Hvem av dem var sterkest: Viljen til å holde fast ved den levende Gud, eller valget til å følge sin elskede på en annen vei, bort fra den allmektige? Valget mellom livet og døden. Hvordan kunne noe vende seg i fra lyset, for å følge mørket, når de visste at lyset var der, levende og brennende?

Valget ble tatt. To mennesker, to veier. Den ene vandret mot døden, den andre mot livet. Idet hendene deres slapp taket i hverandre, trillet store tårer ned på stien. Tårer fylt av en splittet kjærlighet. Valget var tatt. Den ene vandret alene, uten Jesus. Den andre vandret sammen med Jesus. Kanskje en dag ville veiene deres atter en gang møtes. Kanskje en dag ville den som valgte døden, komme tilbake til livet igjen. Bare Jesus visste, for Gud er en god Gud, og så lenge det finnes liv, finnes det også håp.

«Jeg har kalt deg ved navn, du er min»

Ikke ond, men god.

Hvordan kan noen kalle deg ond? En mann som gav seg selv for mennesker som vandret uten håp. En mann som ofret sitt eget liv for at mennesker skulle bli frelst. En mann som tok på seg smerte, dype kjøttsår i hendene, synd og skam. Han ble spyttet på og pisket, hånet som konge, og fratatt all verdighet. Han ble fornedret, for at vi, mennesker som var så fullt av egoisme, hat og hevngjerrighet, skulle gå fri. Og du, min Jesus, blir kalt ond?

Hvordan kan noen tro at de ble straffet av deg, når mennesket selv gikk sin egen vei, tok sine egne valg, for deretter å legge skylden på deg, når de selv feilet i sin svakhet? Min Gud, du som skapte jorden, og det grønne gresset som fylte den, trærne som vokste, de stødige fjellene, fuglene som sang, havet som fløt over alt, og fiskene i det, ja, til og med universet og stjernen på himmelen. Alt dette gav du til oss til mat så vi ikke skulle sulte, og klær så vi ikke skulle fryse. Men mennesket sa at du straffet dem.

Hvordan kan noen fornekte deg? Du den fineste og største blant oss alle. Hvordan kunne de fornekte sannheten når de så deg i skaperverket rundt seg? Hvordan kunne de være så blinde når du sto der foran dem med utstrakte hender? Men de så deg ikke. Kunne de ikke se at du var god, mild og kjærlig, og at du ikke fordømte, og ikke straffet? Hvorfor kunne ikke menneskene se at du elsket dem? Hvorfor ble det du gjorde på Golgata, ofte glemt? Smerten du bar, pinslene du måtte lide. Den fysiske smerten kunne ikke vært det verste for deg. Den største smerten måtte være at vi mennesker ikke ville se, at vi vendte oss bort i fra sannheten, at vi forvrengte bildet av deg. Vi trakk likegyldig på skuldrene over det du gjorde for oss. Den største smerten måtte være at mennesker gikk til helvete, og at disse ikke fikk noe nytte av det du gjorde på Golgata, for så lenge siden.

«Du mitt barn, du er elsket med en evig kjærlighet, og min nåde er nok for deg!»

Menneskeliv.

Uteliggeren sto på hjørnet av den høye bygningen. Han holdt ut en skjelvende hånd, i håp om at noen der ute ville forbarme seg over ham, og gi ham penger. Øynene hans var neddopet, og kroppen skalv. Han prøvde å overleve i en verden som ikke var tilpasset slike som ham. En kald verden som ikke brydde seg om mennesker døde eller levde. Klærne hans var fillete og de luktet gammel svette og støv fra gatene. Men han trengte mat og dop. Det var en kamp mellom sulten og rusen. Den magre kroppen var et bevis på at det ofte var rusen som vant. Fikk han ikke dop, ville han oppleve et sant helvete. Men ingen av dem som passerte ham, forsto. De vendte seg bort i avsky. Han tente en sigarett, og lyset i øynene hans hadde sluknet for lenge siden. De stirret uttrykksløs framfor seg uten håp, uten liv.

Jenten gikk med bøyd hodet bortover gaten. Hun var lei og trett av livet. Lei av en verden som ikke hadde noe godt å gi, og som ikke forsto henne. Skuldrene hennes var tynget ned av håpløshet og mismot. Øynene var matte og triste. Hun var så lei av å feile, lei av masken hun hele tiden bar på. Hun var pen i det ytre, men skitten innvendig. Hun gjorde til stadighet så mye feil, så mye galt. Mennesker passerte henne langs gaten. Noen av dem smilte og lo, andre var alvorlige, og bar selv på sine personlige byrder. Andre igjen gav henne anerkjennende blikk, men hun orket knapt å registrere det. Hun hadde fått nok motstand. Grensen for hva hun orket å takle av livet, var nådd. Hun stakk hendene i lommen på kåpen hun bar. Hun stirret bort på en uteligger som sto lent inn mot gatehjørnet. Han skalv og hun grøsset lett over det tomme blikket han sendte henne. Hun gikk sakte forbi hans utstrakte hånd om hjelp, men hun orket ikke å gi ham noe. Hun gjorde seg kald, hun hadde nok med seg selv.

Uteliggeren så den flotte jenten som passerte ham. Han strakk skjelvende ut hånden og øynet ett lite håp om hjelp, men hun overså ham og tok med seg siste rest av håp, slik de fleste mennesker i denne kalde verden ofte gjorde. Han registrerte ikke sorgen i de vakre øynene hennes, heller ikke det slitne draget over ansiktet. Han ville bare ha, hun ville ikke gi.

En altfor ung gutt sto på T- bane stasjonen. Han var trett og sliten. Foreldrene hans hadde kastet ham ut av hjemmet enda en gang. Han var blitt slått av faren og ignorert av moren. Nå så han ikke lenger verdien av å leve. Døden fristet ham. Uten håp i sitt unge liv stirret han ned på skinnen, på friheten i et lite hopp. Valget mellom å leve eller dø. Han kastet ett siste blikk inn i den mørke tunnelen, hørte vognen av toget nærme seg. Han trakk pusten dypt. Nå eller aldri. Mange mennesker presset seg sammen for å se den tragiske ulykken på T- banen. Ingen forsto hva som egentlig hadde skjedd. Jenten gikk forbi mengden med hendene dypt ned i kåpen. Hun skjønte ikke hva de var så opptatt med. Ikke brydde hun seg heller. Det fikk være det samme for henne. Hun hadde nok med seg selv.

Diagnosen hadde satt spor i den sammensunkne jenten som satt på benken i parken. Klærne hang løst om henne. Kreft, hadde legene forkynt, og det var kreften som sakte tok livet hennes. Hun ønsket ikke å dø, hun ville leve, hun var for ung med sine tjue år. Hun lukket øynene og kjente solens varme stråler skinne ned på henne. De anklagende tankene på hvorfor henne, og hva som kom etter døden, plaget henne. Messet igjennom hodet hennes. Hun tittet opp, og så en vakker ung kvinne passere henne. Hun var så vakker, så flott og i et flyktig øyeblikk skulle hun ønske hun var slik som henne. Som kunne gifte seg, få barn og bli gammel. Men denne kvinnen virket så usigelig trist. Hvorfor er du så trist, ville hun spørre, men hun orket ikke. Cellegiftkuren hadde tæret på henne, også denne gangen, slik det alltid gjorde. Hun tok opp boken hun hadde ved siden av seg, men hun var for svak, og mistet den på bakken. Den unge kvinnen som gikk forbi henne så det, men hjalp henne ikke. Uteliggeren flyttet seg i fra hjørnet og satte seg på en benk i parken. Det satt en mager pike der allerede. Hun så syk ut og hun leste fra en bok. Han hadde satt seg tungt ned på benken og lagt hodet mismodig i hendene. Piken ignorerte ham, men det var han vant til, så han brydde seg ikke noe om det. Han fikk nettopp høre om lillebroren sin som hadde tatt sitt eget liv ved å hoppe foran en T- bane vogn. Han sukket, han hadde ikke vært der for broren sin. Men hva kunne han vel ha gjort? Hvordan kunne han hjelpe andre, når *han* trengte så desperat hjelp selv?

Den mismodige jenten gikk forbi den unge jenta på benken og så at uteliggeren komme bort til henne. Det var han som hun tidligere hadde oversett. Begge virket triste og motløse. Hun trakk på skuldrene, presset hendene dypere ned i lommen, og gikk forbi dem. Hun hadde nok med sine egne problemer, til å bry seg om andre. Hun ville bare hjem til hybelen sin og drukne seg selv i selvmedlidenhet.

Jenta på benken leste, men klarte ikke å fange ordene. Hun ville ikke dø, men hun hadde ikke noe valg. Hun sukket dypt og kjente lukten i fra uteliggeren ved siden av henne. Han satt med hodet i hendene. Det stakk i henne, han så veldig sliten ut. Et sinne veltet opp i henne. Han hadde valget mellom å dø, eller å fortsette å leve.

Hvorfor valgte han da døden? Hun derimot, kunne ikke velge. Hvorfor var livet så urettferdig? Hun hadde lyst til å skrike og hyle til ham, at han måtte ta seg sammen og velge livet og ikke visne bort i en sikker død. Men hun orket ikke. Hun var for dårlig. For syk. Hun reiste seg matt og gikk ut i veien, uten å ense den røde mannen på trafikklyset. Hun så ikke bilen som kom så altfor fort mot henne, og kjente ikke smerten idet den brutalt traff henne.

Mannen kjørte fort, fortere enn han burde. Men han hadde det travelt, for han måtte hjem til sin fødende hustru som lå med veer. Hun skulle gi et nytt liv til verden. Han gledet seg, og var oppspilt og stresset. Han så ikke jenten som var på vei ut i veibanen, før det var for sent. Han kjente det gikk kaldt nedover ryggen på seg idet han kjente dunket i bilen og så kroppen fly flere meter over bilen. Han bråstanset og løp ut. Stirret på den livløse skikkelsen bak bilen sin. Han hadde tatt ett liv.

Det var stille i verden, men allikevel travelt, hektisk og støyende. Det var som om alle sov og var våken på en og samme tid. Noen lo, andre var alvorlig. Det var så mange drømmer, så mange lengsler, men så lite håp. Denne verden som de alle levde i, var så kald. Mange spørsmål ble stilt. Mennesker var så blinde for hverandre. De var kun opptatt av sine egne lengsler.

Når skal vi våkne opp og se at verden trenger oss og at verden trenger Jesus? Løft blikket og se deg omkring. Våkne opp fra sløvheten, for det er ikke tid for egoisme, stolthet og selviskhet. Det er ikke tid for egen kraft og villfarelse. Det er på tide at vi reiser oss og innser at denne verden trenger en frelser, og at han kan bruke deg og meg...

«Gå derfor ut og gjør alle folkeslag til disipler»

Liten, men likevel stor!

Det lille menneskebarnet stirret ned på de hardt sammenfoldede hendene sine. Barnets øyne var fylt av blanke tårer, der han satt med sammensunket skuldre. Det svarte, krøllete håret var uregjerlig og bustede. Han satt i den dype snøen, foran den høye muren som omringet hagen. Store snøfiller dalte rolig ned fra den mørke

himmelen over ham, og la seg som ett tynt slør på hodet hans. Han satt slik i stillheten rundt ham, omringet av hvit snø på en vakker frost dag.
Jesus sank ned ved siden av ham og stirret på ham med kjærlige øyne. –Hvorfor er du så trist lille venn, spurte Jesus. Det lille barnet løftet blikket, og idet han så på Jesus, trillet en enslig tåre nedover det lubne kinnet hans. Han var ikke overrasket, heller ikke skremt over å se Jesus sitte der, ved siden av ham. Han hadde sett Jesus mange ganger før, og kjente ham godt. –Jeg er trist fordi jeg er så liten, hvisket barnet. Enda en tåre trillet nedover de røde kinnene. Jesus stirret alvorlig på gutten. –Er det ikke bra å være liten da, spurte han mykt. Den lille gutten ristet på hodet, og tørket bort snørret som rant fra nesen, med den tykke, blå ull-votten han hadde på hånden. – Nei, det er så mye jeg ikke får lov til, så mye jeg ikke kan gjøre, sa han og snufset. Jesus nikket og la en varm hånd på de spede skuldrene. – Hva er det du er for liten til å gjøre da, barnet mitt, som du ikke får lov til, spurte Jesus. Stemmen bar med seg et budskap om trøst og trygghet. – Jeg vil være stor nok til å være oppe så lenge jeg vil om kvelden og aldri være redd når jeg legger meg. Jeg vil være stor nok til å klatre i trærne, til å reise til andre land, til å svømme på dypt vann om sommeren, og til å se det jeg vil på tv. Jeg vil være stor nok til å være med på snøball krig og lage mine egne snøballer. Men aller mest har jeg lyst til å være stor nok til å bli hørt av andre voksne når jeg snakker, sa han og snufset.

Jesus nikket. –Jeg forstår, sa han. Barnet sukket og den varme pusten dannet en liten sky av kulde ut munnen hans. –Men du kommer en dag til å kunne gjøre alt dette. Du vokser slik alle andre gjør, og en dag vil du bli stor. Barnet nikket igjen. –Ja, hvisket han. –Men det er så lenge til. Jesus smilte. –Kjære deg, i mine øyne er du den største av dem alle. Det lille barnet stirret forundret på Jesus. –Jeg har skapt deg slik som du er, for at du skal lære alt du trenger å lære for å bli vis. Og mens du lærer, vokser du. Det er mange ting du kan gjøre, som de voksne ikke kan. –Som hva da, spurte det lille barnet og stirret med håpefulle øyne på Jesus, som smilte varmt til ham. –Du kan komme til meg når tid du måtte ønske. Du kan se på meg og være sammen med meg hele tiden, uten å tenke på at andre trenger din oppmerksomhet. Du kan være glad, danse og hoppe av glede uten at andre syntes det ser latterlig ut.

Du kan le og glede deg til bursdag og jul uten å bli kaldt barnslig. Du kan krype igjennom smale ganger og gjemme deg i små kasser, uten at noen oppdager deg. Du kan klatre i små trær og leke med alt du vil rundt deg. Som liten kan du elske uten baktanker, tro uten gjerninger. Som liten er du stor i mine øyne. For du er slik mennesket var ment å være. Barnslige og lekende, glade og frie. Du kan gjøre ting uten å bli straffet for det, for lovene og reglene er annerledes for de små enn for de voksne. Den lille gutten nikket og tørket de kalde kinnene som var strimete av tårer. –Hos deg er jeg stor Jesus, sa han og smilte svakt. Litt av sorgen var blitt erstattet med en liten spire av glede. –Og du er den beste vennen noen kan ha, sa han og tittet opp på Jesus, som nikket glad. –Hos meg er du en av de største, en bærer av livets håp og glede. En bærer av tro. Den lille gutten lukket øynene. –Jeg er så trett, hvisket han. Jesus tok gutten i armene og løftet ham opp. –Hvil deg litt, her hos meg. Jeg skal varme deg, min store venn. Gutten smilte svakt og lente det bustede hodet inn mot halsen til Jesus. Det var ingen som trengte ham, og han hadde tid til å være her hos Jesus. Han sukket trett og sovnet.

«La de små barn komme til meg, hindre dem ikke for Guds rike hører slike til»

Jakten på nåden.

Jakob var en liten gutt på ti år. Han hadde lyst, kort hår og himmelblå øyne. Han var slik alle gutter ofte var: Modig, tøff og veldig nysgjerrig på alt rundt seg. På ryggen bar han på en diger sekk. Oppi der hadde han puttet alle lover og bud som fantes for de som trodde på Jesus. Han hadde tatt i mot Jesus da han bare var syv år. Han hadde vært på en sommerleir med menigheten sin, og der hadde de fortalt ham hvor kul Jesus var. Derfor hadde Jakob bestemt seg for at han ville være like kul som Jesus og bli med i gjengen hans. Men sekken han hadde fått på ryggen var så fryktelig tung. Det var nesten som en skolesekk, bare enda tyngre.

Ved frokostbordet hadde han hørt moren og faren snakke om nåden. Det var visst noe vidunderlig, en slags person, trodde han, som tok sekken og bar den for menneskene. Det måtte være noe for meg, tenkte han. En personlig tjener som kunne bære sekken for ham, da slapp han å slite og dra på den tunge sekken. Derfor måtte han reise for å finne nåden. Han tok med seg niste og puttet capsen på hodet, og med den svære sekken på ryggen, begynte han å gå bortover veien. Sekken var tung, og solen på den skyfrie himmelen var veldig varm.

Etter å ha gått en stund, møtte han en voksen dame med glitrende juveler rundt den smale halsen sin, og en stor fjærhatt på hodet. –Hei, damen, sa Jakob høflig. Damen hadde en tilsvarende lik sekk på ryggen som den Jakob bar, men hennes var enda større og virket enda tyngre. –Hei, lille mann, svarte hun med lys stemme. –Hvor er du på vei, spurte hun og stirret granskende på den tunge sekken hans. –Jeg leter etter nåden, svarte Jakob litt andpusten, for han hadde gått langt. –Vet du hvor jeg finner den, spurte han. Damen ristet på hodet så de lyse krøllene hennes danset rundt det hjerteformede ansiktet hennes. –Nei, den har jeg aldri hørt om, sa hun. –Hva er *det*, spurte hun nysgjerrig. Jakob fortalte kort det lille han visste om nåden, og hva den gjorde for menneskene. Da ble damen så begeistret at hun begynte å klappet i hendene. –Du bare *må* komme til meg når du finner den slik at jeg også kan få en nåde, sa hun og heiste på den tunge sekken sin. Jakob ble litt skuffet over at hun ikke viste hva nåde var, eller hvor man fant den, men han nikket og sa han ville gi henne beskjed så fort han fant den.

Etter å ha gått enda en stund traff han en gretten gammel mann. Han lente seg tungt til en stokk som bøyde seg litt under vekten av ham. Og den tunge sekken han bar på ryggen gjorde ham krumbøyd. Han jamret og bar seg, for sekken hans ble bare tyngre og tyngre med årene, og ryggen hans ble mer og mer sliten. Han stoppet og stirret på Jakob. –Og hvor har så du tenkt deg, unge mann, spurte han og dultet lett borti Jakob med den brune stokken sin. Jakob stoppet og fortalte ham om nåden. Den gamle mannen ristet surt på hodet, og skar en grimase som gjorde det rynkete ansiktet enda mer rynkete. –Jeg har hørt om den, men aldri sett den, svarte han. –Det høres nesten for godt ut til å være sant. Så jeg har alltid ment at det var et eventyr. Men, men. Du får fortelle meg om nåden hvis du finner den, humret mannen hånlig og slepte seg videre. Jakob sukket tungt. Han var begynt å bli rimelig sliten og lei av denne lange reisen. Sekken virket som om den bare ble tyngre og tyngre.

Han gikk videre, og etter en stund støtte han på en prest i en lang sid frakk, også med en diger sekk på ryggen. –Hei, mitt barn, hvor er du på vei, spurte han og dro sekken sin lenger opp på ryggen. Den måtte være enda tyngre enn Jakob sin, for presten skar en liten grimase og tok seg til korsryggen. Men Jakob fikk et ørlite håp om at presten kanskje visste hvor nåden befant seg, siden han jo nærmest bodde i en kirke. –Jeg leter etter nåden. Kanskje du kan fortelle meg hvor jeg finner den, sa han håpefullt. Presten ristet bedrøvet på hodet og sukket dypt. –Mitt kjære barn, jeg leter selv etter nåden. Jeg har lett i flere år, men jeg finner den heller ikke. Men jeg gir aldri opp, sa han med en matt glød i de brune øynene. Han dro en sliten hånd igjennom det mørkebrune håret sitt og smilte trist til Jakob. –Vi må aldri gi opp, sa han og blunket til ham før han gikk tungt videre.

Motet til Jakob falt helt ned i kjelleren. Han var så sliten og sekken var så tung. Når selv ikke en prest hadde funnet nåden etter så mange år, hvordan skulle liksom *han* klare å finne den da? Han var overbevist om at han aldri kom til å finne nåde. Han satte seg mismodig ned og tittet på den skarpe solen over hodet sitt. Men han var ikke en gutt som hadde lett for å gi opp. Han var ganske sta, noe foreldrene ofte klagde over. Han bet tennene sammen og fortsatte å gå, og for hvert steg han tok ble sekken enda tyngre, og skuldrene verket i smerte over tyngden de måtte bære. Tilslutt orket han ikke lenger å gå, så han begynte å krabbe på alle fire. Han skulle aldri gi opp.

Etter noen timer møtte han en liten jente. Hun var den vakreste jenten Jakob noen gang hadde sett. Hun hadde lyst, langt hår og like blå øyne som himmelen over ham. Hun hadde på seg en blomstrete, kortermet kjole som rakk henne til knærne, og hun smilte og lo hele tiden, samtidig som hun danset og spratt bortover veien. Han rynket øyenbrynene og lurte på hvor sekken hennes var. For denne jenten hadde ingenting på ryggen. Hun stoppet foran ham og skakket lett på hodet. –Hvorfor krabber du, spurte hun nysgjerrig. –Jeg er for sliten til å gå, sa Jakob trett. –Hvorfor er du så sliten da, spurte jenten. –Fordi sekken min er så tung, sa han og himlet litt med øynene over at hun ikke så det innlysende. –Bærer du på en sekk, spurte hun og gikk nysgjerrig nærmere. –Hva er oppi den da? Hun studerte den tunge sekken på ryggen hans. –Lover, regler og bud og sånn, slike ting som vi kristne må følge, svarte han med andpusten stemme. –Hvor er din sekk, spurte han og stirret på ryggen hennes. Hun trakk på skuldrene. –Jeg har ingen sekk, sa hun med ett bredt smil rundt munnen. –Hvorfor har du ikke sekk? Er du ikke kristen, spurte han mistenksomt. Jenten foran ham lo og tok en piruett i begeistring. –Jo, jeg er kristen jeg, svarte hun. –Men hvorfor har du da ingen sekk? Jakob var blitt litt små irritert. –Alle som er kristen har en sekk, sa han veslevoksent. Jenten ristet på hodet og stirret uskyldig på ham. –Nei, Jesus elsker meg slik jeg er, uten sekk. Og jeg elsker ham slik han er, uten sekk. Jakob holdt på å falle i bakken over dette svaret. Da skjønte Jakob at jenta hadde truffet nåden som bar sekken for henne. Han så ivrig seg rundt, men kunne ikke se nåden. –Hvor er nåden? Spurte han. Hun skakket litt på hodet og smilte enda bredere før hun lo høyt. –Nåden er ingen person, "dummen", sa hun blid. Jakob rynket øyenbrynene irritert. Han var slett ikke dum. –Hva mener du med at nåden ikke er en person? Han må være det for å kunne bære sekken din. Jenten stirret lenge på ham. –Jeg kastet sekken min da jeg fant ut at nåden er Jesus. Han døde på korset slik at vi ikke trengte å bære noe sekk, sa hun langsomt som om hun snakket til en som var yngre enn ham selv. – Trenger ikke vi å bære sekk? Hva med alle budene og reglene da? Jenta ristet på hodet og pekte opp mot himmelen. Jesus har tatt dem på seg, vi er fri, sa hun. –Mener du at Jesus tok sekken din? Spurte Jakob overrasket. Jenta nikket. –Ja, sa hun glad. –Og jeg trenger ikke å bære denne sekken…, sa han nølende. Jenten nikket sakte igjen. Hun løp bort til ham. –La meg hjelpe deg av med sekken, sa hun og dro i den. Men Jakob holdt litt igjen. –Men vent litt… Uten sekken er jeg ingen ting, sa han og hadde plutselig blitt litt redd. Jenten lo høyt igjen. –Jo, selvfølgelig er du noe uten sekk. I Jesus er du alt! I Jesus har du alt, du trenger ikke bære på sekken lenger. Gi den til Jesus, sa hun glad. Jakob stirret inn i øynene på den glade jenten og så at han ikke trengte å være redd, for denne jenten var ikke redd. Og hadde hun kastet sekken, som var en jente, torde i alle fall han som var gutt å gjøre det. Så han satte seg opp og sekken gled ned av ryggen hans. Med det samme følte han seg lettere og friere. –Jeg er ikke sliten lenger, ropte han og begynte å danse han også. Jenta lo og danset sammen med ham. –Er det ikke kult? Jesus er nåden, sa hun igjen. Jakob nikket, men ble straks alvorlig igjen. –Mener du at vi ikke trenger å følge budene hans lengre, spurte han nølende. Jenten ristet på hodet. –Nei, "dummen", det er lurt å følge budene, for da har man det bra selv. Men man trenger ikke lenger å slite og dra på sekken som bare gjorde deg trist. For Jesus gjør oss glad, og vi skal være snill og grei mot alle, for det er slik nåden er, sa hun strålende. Jakob nikket. Nå forsto han at nåden var Jesus, og ved å følge ham ble man glad og ikke sliten. Og budene var til veiledning, ikke byrde slik han hadde erfart. –Takk for at du viste meg dette, sa han og gav jenta en klossete klem. Jenta rødmet og dyttet lett til ham.

Den dagen gikk Jakob glad og fornøyd hjem med lette skritt. Han møtte presten på veien, men han klarte ikke å ta av seg sekken, for han mente at det ikke kunne være så enkelt, dessuten var loven og budene viktige, og man kunne ikke bare legge dem i fra seg, så han gikk nedtrykt videre med sekken på ryggen, fortsatt på let etter nåden. Den gamle mannen ble så glad at han kastet i fra seg både sekken og stokken. Endelig var han fri etter så mange år, og ikke var han sur og grinete mer heller. Den jålete damen stirret på Jakob og himlet med øynene. Nei hun kunne ikke kaste av seg den verdifulle sekken, for den var for verdifull for henne. Jakob trakk på skuldrene. Han smilte opp mot solen. Endelig hadde han funnet nåden, men han ble trist når han så at enkelte mennesker ikke ville gi fra seg sekken sin. Jesus var jo alt de trengte. –Jesus elsker meg, og jeg elsker Jesus, sa han nynnende og gikk smilende hjemover. *«Min nåde er nok for deg»*

Løvetannbarnet

Det lille frøet lå godt plantet dypt nede i den svarte jorden. Det var frøet til en løvetann. Frøet koste seg, og tok til seg all den næring den kunne få av den mineralrike jorden. Etter hvert begynte underlige ting å skje med dette lille frøet. Det rumlet og tumlet litt inni frøet, før det etter mange timer kom ut ett nydelig lite grønt spir. Frøet hadde blitt til et lite løvetannbarn. Det lille løvetannbarnet vokste seg større og større, og pløyde seg opp igjennom den myke jorden. Men så en dag, sa det plutselig stopp. Den hadde møtt på sin første motstand i livet. Det undret seg over hva det var som gjorde det så vanskelig å fortsette sin ferd opp til overflaten. Det lille spiret tok enda hardere i, lukket øynene og knep munnen hardt igjen. Og med et kraftig støt prøvde den så godt den kunne å trenge seg igjennom det harde hinderet. Men nei, det var og ble for vanskelig. Løvetannbarnet ble lei seg og snufset høylytt. Skulle det aldri klare å bryte igjennom den harde hindringen for så å se hva som var gjemt bak det, høyt der oppe over hodet hans? Den prøvde igjen å bryte seg igjennom den harde hindringen, men nei, det lille spiret klarte det ikke. Løvetannbarnet sukket trist. Akkurat da den hadde gitt opp, kom det en stor, fet meitemark buktende forbi. Meitemarken hørte de høylytte snufsene fra det lille spiret og stoppet opp foran det.

–God dag lille venn, hvorfor er du så trist, spurte meitemarken. Løvetannbarnet fortalte om den store hindringen som ikke ville flytte seg, og at det var umulig å trenge igjennom det. Meitemarken lo så den fete brune kroppen ristet. – Du må aldri gi opp, barn. Du må bare prøve igjen og igjen, så klarer du det nok til slutt. Det gjør alltid jeg hvis jeg møter på motstand. Du vet, ingen ting er umulig for den som aldri gir opp, sa meitemarken og blunket lurt. –Aldri gi opp, gjentok løvetannbarnet. –Det er riktig, barn. Aldri gi opp, sa meitemarken før den nikket kort til farvel og buktet seg videre igjennom den myke jorden. Oppmuntret av disse ordene prøvde løvetann barnet igjen å trenge gjennom hinderet. Denne gangen hadde det bestemt seg for ikke å gi opp. Det lille spiret skulle klare det om det så ble det siste det gjorde. Ingen ting kunne stoppe det. Etter mange slitsomme timer begynte det harde hinderet sakte, men sikkert å gi etter. Det lille løvetannbarnet gjorde spiret sitt så spisst som mulig, og brukte alle kreftene det hadde, og tilslutt ble det belønnet for innsatsen sin. Sakte brøt det lille spiret igjennom hinderet. –Hurra, jublet det lille frøet og fortsatte å bryte seg igjennom alle lagene med stein. Til slutt var det igjennom!

Stolt foldet det ut bladene og strakk stilken sin høyt mot den deilige, blå himmelen. Endelig, den lille løvetannen hadde klart det. Den lille grønne knoppen som satt i enden av stilken vendte seg opp mot den varme gule solen. –Så vakkert det er her, sa løvetannen og pustet inn den friske, svale vinden. Nysgjerrig på omgivelsene, stirret den rundt seg i håp om å få noen venner. Øynene falt på en stor asfaltert gangvei like under seg. Og den gledet seg over å være en del av den. For det var denne asfalten som var det harde hinderet, og nå sto den her og kunne glede alle som gikk på veien, med sitt vakre utseende og nydelige duft. Den sto ikke akkurat midt i veien, men litt sånn på siden like ved en overgrodd grøftekant. Løvetannen var fornøyd med det. Den stirret beskjedent bort på en liten rosebusk til høyre for seg. Rosene var vakre, med sin blodrøde farge og velduftende lukt. De snodde seg freidig oppover mot den strålende solen på den blå himmelen. Løvetannen smilte og nikket til dem. –Hallo der, sa den blidt, men ingen av dem svarte. Kanskje de ikke hørte så godt. Den lille løvetannen kremtet og prøvde igjen, denne gangen hevet den stemmen. - HALLO! Ingen reaksjon. Kanskje de var tunghørte, tenkte løvetannen og raslet lett med bladene sine, i håp om å tilkalle deres oppmerksomhet. –De snakker ikke til ugress, sa en sørgmodig stemme. Den kom fra et gammelt eiketre som sto like bak ham. –Ugress, gjentok det lille løvetann barnet forundret. –Ja, slik som du er, sa en sped liten stemme like ved ham. Den lille løvetannen stirret på en liten kjøttmeis som ivrig hoppet fra side til side, i det den studerte det grønne gresset. Den dro ivrig opp en fet mark, den hadde fått øye på. –Jeg er ikke ugress, sa den lille løvetannen snurt. –Jo det er du, sa den lille kjøttmeisen, med marken dinglende i nebbet sitt. –Jeg har sett mennesker dra opp slike som deg med roten, for så å kaste deg på et bål og brenne deg opp, sa den lille fuglen i en saklig tone, før den fløy av sted med fangsten i nebbet. Den lille løvetannen stirret skrekkslagent etter den fete lille fuglen og ristet vantro på hodet. –Det er ikke sant, sa den gråtkvalt. –Jo, det er dessverre det, svarte den gamle eiken med sin dype kloke stemme. Løvetannen stirret opp på treet som hang mismodig med de lange grenene sine. –Mener du å si at ingen liker meg? Stemmen skalv lett. Ugress var ofte en betegnelse på stygge blomster, noe ubrukelig, noe ingen ville ha. –Ingen liker ugress, sa eiken trist. –Men, jeg er jo vakker. Bare vent til jeg folder ut den lille knoppen min, da skal du få se hvor fin jeg er. Da vil alle stoppe opp og beundre meg, sa den lille løvetannen optimistisk. Den gamle eiken nikket trist. –Du vet ikke så mye om menneskene, gjør du vel? Den lille løvetannen ristet på hodet og tittet bort på de røde stolte rosene som vendte seg overlegent bort fra dem. Løvetannen ett ugress? Nei bare vent! Løvetannen skulle vise dem! Løvetannen skulle vise dem alle!

Slik gikk tiden og den lille løvetannen drakk av både vindens næring, solens varme og regnets leskende dråper. Sakte åpnet den lille blomsterknoppen seg, og fargen var like gul som solen selv, og luktet like deilig som den yndigste parfyme. –Ah, endelig, sa den lille løvetannen og smilte glad. –Nå skal de få se, tenkte den og ventet spent. Noen insekter kom flygende forbi og landet på løvetannen. De krøp inn i mellom de gule blomsterbladene. Den lille løvetannen lo. Noen ganger prøvde den å riste dem bort hvis det ble for mange av de små svarte fluene. –Det er i alle fall noen som vil være sammen med meg, tenkte den. Men rosene ville fremdeles ikke se på løvetannen, og kjøttmeisen ropte ”ugress” hver gang den fløy forbi. Gresset langs veien lo hånlig mot den stolte lille løvetannen. Men Løvetannen brydde seg ikke noe om dem. Den ventet på menneskene, ventet på at de skulle stoppe opp og nyte dens skjønnhet.

En dag var det to gamle damer som stoppet opp. De hadde begge lange stokker som de støttet seg til, der de krumbøyd spaserte arm i arm bortover veien, en varm ettermiddag. Svarte, små hatter dekket de sølvgrå hodene deres, og svarte kåper vernet dem mot den varme solen på den skyfrie himmelen. Den ene av dem stoppet opp foran den lille løvetannen. De blasse blå øynene hennes stirret kaldt på den gule blomsten. –Jaså, ser her, Alma, sa hun og lot den lange stokken sveipe over løvetannen som bøyde seg under slaget, for så å sprette opp igjen. –De lar ugress vokse og gro overalt for tiden. Er det ingen som fjerner slikt lenger? Den andre damen som ble kalt Alma, haltet bort til løvetannen og nikket bekreftende. –Ja, slike stygge blomster skulle vært utryddet, sa hun og strakk sine lange krokete fingre mot den lille løvetannen. –Jeg får hjelpe dem med å bli kvitt dette ugresset, sa Alma, og skulle til å ta rundt den tynne stilken, men trakk brått til seg hånden igjen i det et klagende ul glapp ut fra henne. –Åh, ryggen min, jamret hun og reiste seg sakte. –Ja, du er ikke ung lenger vet du, Alma. La det stygge ugresset være, sa den andre damen i det hun hjalp Alma opp. Sammen haltet de videre, og ofret ikke mer den lille løvetannen en tanke. Den lille løvetannen ristet mismodig på hodet. Det hadde gått mange mennesker forbi i hele dag, men ingen andre hadde stoppet opp, eller sett den på lille løvetannen, utenom de to gamle damene. De hadde kalt den stygg! *Ugress* hadde de sagt, og de hadde nesten plukket den opp med roten. Løvetannen grøsset, og det gylne hodet som bar solens stråler i seg, vendte seg mismodig ned mot den grå asfalten. Den var ikke noe annet enn ett ugress. –Det var det jeg sa, sa den gamle eiken mismodig. –Mennesker ser bare det de vil se. De setter ikke pris på naturens utrolige mangfold, sa eiken før den forsvant inn i ettermiddags luren sin, slik den ofte gjorde på slike varme dager.

Den lille løvetannen hang med hodet en lang stund. Etter noe som føltes som en evighet, stoppet plutselig en liten lyslugget gutt foran den. Den lille gutten var ikke mer enn ti år, og hadde en stor, brun skolesekk over de spede skuldrene. Den lille løvetannen hadde sett ham mange ganger når han gikk til og fra skolen. Han hadde alltid sett så lei seg ut, så redd og engstelig. Han gikk ofte så langsomt at den lille løvetannen hadde lurt på om den lille gutten i det hele tatt *ville* på skolen, eller hjem igjen, for den sakens skyld. Den lille gutten strakte hånden ut mot den lille løvetannen, som skrekkslagent prøvde å dra seg unna. –Ikke plukk meg, ikke plukk meg, ropte den med hysterisk stemme. Den hadde glemte at mennesker ikke kunne høre den. Sakte gled stilken igjennom de spinkle fingrene til den lille gutten. Den lille løvetannen lukket øynene og ventet på det uunngåelige. Men det skjedde ingen ting. I stedet for at fingrene hans dro den lille løvetannen opp med roten, vippet de bare opp blomstens hode. På ny så løvetannen opp mot den strålende blå himmelen. –Hvorfor henger du slik med hodet? Du, som har all grunn til å være stolt og kry, sa gutten og smilte trist ned mot den gylne blomsten. Den lille løvetannen stirret undrende opp i ansiktet hans. –I skoletimen i dag har jeg lært noe fantastisk, sa gutten. –Jeg har lært om deg; løvetannen. Og vet du, at du er et av de mest hardføre blomstene som finnes på denne jord. Du er sterk nok til å bryte igjennom asfalt, sterk nok til å stå i mot vind og storm, tørre lange dager, og våte regnfulle uker. Du blir kalt ett ugress, men allikevel er saften som renner i dine blader og i din stilk legende. Bladene dine er spiselige og har gitt mat til mange sultne familier opp igjennom historien, og den vakre fargen din er like gul som solen selv. Og når du står i all din prakt, tiltrekker du deg insekter som mer enn gjerne vil drikke av nektaren din. Den lille gutten svelget, og stemmen gikk over i en hvisking. –De kaller slike som meg løvetannbarn. Jeg er som deg; Et ugress. En som ingen vil ha. Foreldrene mine er alkoholikere og jeg må passe på dem hele tiden. Ingen passer på meg. Salte tårer rant nedover kinnene hans og dryppet ned på de slitte buksene hans. –Du har lært meg noe i dag. Og det er at uansett hvor forferdelig livet kan være, hvor ensom hverdagen kan bli, hvor smertefulle slag kan være, og hvor store hindringer jeg enn møter, så er jeg en vinner. Så lenge jeg aldri gir opp, aldri lar meg kue, men fortsetter å heve hodet og bite tennene sammen. Så en dag vil også jeg komme ut i full blomst. Da vil jeg også være til glede for mange mennesker, slik du er. Da vil jeg bli like sterk og vakker som deg. Gutten snufset og tok en kort pause.–Nei, du er ikke ugress, du er en fin blomst. Takk for at du lærte meg at ingen hindring er stor nok, hvis jeg bare aldri gir opp. Når selv en liten blomst som deg klarer å overleve, så skal også jeg klare det. Han slapp varsomt taket i løvetannen og reiste seg sakte. Han rettet skuldrene, tørket tårene og stirret opp mot den varme solen som strålte ned mot dem. Et lite smil lekte i munnviken hans. Han puttet hendene i lommene, og plystrende la han i vei bortover den asfalterte veien. Den lille løvetannen så undrende etter gutten i det han forsvant bortetter veien. Oppspilt snudde den seg mot det gamle eiketreet. –Hørte du det, sa den begeistret. – Ja så sannelig, humret det gamle treet og trakk på smilebåndet. –Jeg er ikke et ugress, jeg er en blomst som kan ta del i alt det gutten sa, smilte den i det den hevet hodet opp mot solen. Den lille løvetannen lo høyt av fryd i det den stolt rettet seg opp i all sin prakt. –Jeg er fin, nyttig og hardfør. Og i dag har jeg gledet et menneske med bare å være til.

Slik ble timer til dager, og dager til uker, og den lille løvetannen vokste seg stor. Etter en tid ble den gule fargen på hodet erstattet av en grå krans av nye frø. Vinden tok med glede med seg de små frøene og bar dem langt av sted til kjente og ukjente enger. Der landet frøene og grov seg selv dypt ned i jorden, for så på ny å spire til nye vakre løvetenner.

«Ingen ting er umulig for Gud, ingenting er umulig for den som tror»

Guds mesterverk.

Det var en vakker dag i himmelriket. Jesus frydet seg for i dag var ett nytt menneske født. Glad til sinns gikk han inn i atelieret, som forøvrig var ett stort romslig rom. Rommet var fylt opp av malerier i de mest fantastiske farger og ikke ett av dem var like. Rommet besto av fire vegger og ett stort buet tak i klart glass som slapp igjennom solens kraftige stråler. Slik fikk alle maleriene lov til å bade i evig solskinn. Jesus dro ivrig fram ett hvitt stort lerret og plasserte det i staffeliet som var plassert i midten av rommet. Lerretet sto der så rent og uskyldig, så nytt og friskt, og Jesus smilte. - dette bildet vil bli fantastisk, sa han frydefullt og tok opp penselen. På ett bord like ved siden av ham lå det tuber av maling i alle tenkelige farger. Farger som til og med var ukjent for menneskene som vandret på jordens overflate, men kjent og kjært for dem som oppholdt seg i himmelriket.

Jesus hørte den spede gråten av barnet og lo høyt av glede. Han dyppet penselen i en lys blå farge og begynte å male. Og det hvite ble til blått som himmelen på en solrik dag. Han hørte barnet gurgle små lyder og igjen ble penselen dyppet i maling, denne gangen den gylne gulfargen som symboliserte solen. En strålende sol kom tilsynet på lerretet og strålene strakk seg over det blå og fargene smeltet sammen og noen partier ble grønt. Igjen hørte han barnet si sine første ord og ta sine første skritt og Jesus malte grønne sletter og høye blågrå fjell. Barnet gråt og den røde fargen prydet deler av bildet lik trærne på en vakker høstdag. Tiden gikk og farger ble malt oppå andre farger og blandet seg i en perfekt harmoni. Barnet vokste og ble stor, og bildet ble vakrere og vakrere for hver gang Jesus dyppet penselen. Han smilte og nikket stolt til sitt mesterverk som var begynt å ta form, men han visste at verket hans var langt i fra ferdig.

Så en dag skjedde noe som ville forandre bildet for alltid. En liten sort skapning kom atter igjen inn for Gud og slengte anklager mot jordens barn. Gud forviste skapningen nok en gang bort i fra hans åsyn. Sint og hatefullt snek den lille skapningen seg inn i atelieret og stirret ondskapsfullt rundt seg. Den var ivrig etter å myrde, stjele og ødelegge. De små varte øynene stirret med forakt på alle bildene som omgav den. Skapningen snek seg lydløst over det gullbelagte gulvet og kastet flyktige blikk på bildene som den passerte. I det skapningen nådde midten av rommet stoppet den opp og stirret med vemmelse på kunstverket foran seg. Det Jesus så på som vakkert, så den lille skapningen på som sykt og stygt. Den smilte ondskapsfullt og tok opp penselen og dyppet den i den svarte fargen, som i skapningens øyne symboliserte død. Ivrig ristet den penselen mot lerretet og svarte flekker falt over det vakre og nyskapte og skygget for de rene klare fargene. Den smilte ondskapsfullt og en liten hvesende lyd som minnet om latter skar igjennom harmonien rommet var i besittelse av. Den dyppet penselen igjen og skulle akkurat til å gjøre det samme en gang til i det Jesu røst flerret ut i rommet. - forsvinn, du har ingen ting her å gjøre. Stemmen oste av harme og rettferdig vrede. Den lille skapningen slapp penselen som om den hadde brent seg og pilte avgårde ut igjennom døren den hadde kommet inn igjennom.

Jesus stirret med sorg på det flekkete maleriet foran seg og studerte de svarte flekkene. Han trakk pusten dypt og ett smil gled over ansiktet hans i det han igjen dyppet penselen og begynte å male. Denne gangen ble små svarte flekker til grå sjatteringer og lignet små stener i det malte landskapet. Hvitt erstattet det svarte og ble til grå fugler som fløy over himmelen og fjellene fikk svarte partier som dannet skygger i fjellene. Opprørt sjø ble mørkere og det hvite som ble malt over bølgene ble til hvitt krusende skum. Slik ble maleriet vakre enda vakrere og enda mer utfyllende. Jesus sto lenge og beundret mesterverket sitt og det ødelagte ble sakte men sikkert skjult og leget av nye vidunderlige sjatteringer. En engel kledd i en hvit skinnende kappe stilte seg ved siden av Jesus og beundret bildet sammen med ham. Plutselig rynket engelen pannen og stirret på de mørke sjatteringene i bildet. - Herre, sa engelen og nølte litt før han løftet armen og pekte mot bildet. - hvorfor er det så mange mørke partier på dette bildet? Jesus sukket lavt og smilte vemodig. - det var fiendens forsøk på å ødelegge noe som var skapt av meg. Fienden klarte å trenge seg inn og sette sine spor i dette vakre bildet. Engelen nikket forståelsesfullt. - men dette bildet er ikke ødelagt, sa han en tanke overrasket. - hvordan kan det ha seg at det mørke er blitt så vakkert, spurte engelen forundret og med ett snev av ærefrykt i stemmen. Jesus smilte stolt. - det er fordi jeg har gjort de mørke flekkene til noe vakkert. Der det var svart, malte jeg hvitt. Jeg forandret det ødelagte og gjorde det helt igjen, sa han tilfreds. Engelen nikket igjen og stirret beundrende på bildet. - ett nydelig livsverk, sa han lavt og Jesus nikket stolt. - ja, de er det, mine barn er, ett nydelig mesterverk skapt av meg.

«siden du er dyrebar i mine øyne, får du stor ære, og Jeg elsker deg.»

Kvinnen ved brønnen.

Det var en tidlig morgen og solen var så vidt dukket opp i horisonten og kastet sine myke stråler over den mørkeblå himmel, ett tydelig tegn på at det ville bli nok en vakker dag. Like vakker som kvinnen som krøket seg sammen i skyggene, men hun så ikke på seg selv som vakker. Heller ikke verdig, ikke en gang i nærheten av hellig. Derfor gikk hun med tildekket hode og ett sandfarget sjal som skjulte deler av ansiktet, unntagen de sjokoladebrune øynene. Øyner som hele tiden flakket i fra side til side i håp om å unngå andre mennesker som var mer verdige, mer hellige enn henne selv. Hun visste prisen for å bli sett offentlig på høylys dag, og prisen var for høy til at hun ønsket å betale den. Derfor listet hun seg lydløst framover igjennom gatene i den lille landsbyen hennes. Den mørke bomulls kappen som skulle verne henne i fra morgenens rå kulde dekket hele den slanke og veldreide kroppen hennes. En kropp begjært av mange menn. I hendene bar hun en leirkrukke, den skulle hun fylle med vann, noe som var nødvendig selv for en av hennes slag. Hun var en samaritansk kvinne, skjent for å være kald, kynisk og overfladisk, og kanskje hun var det. Eller kanskje hun bare var sliten, lei og ødelagt. Hun dvelte ikke ved hva ryktet sa om henne. Hvilke hensikt hadde det? Menneskene i landsbyen hadde dømt henne, og nærmest utstøtt henne for valget av yrket hun hadde tatt. Hun gjorde det hun måtte for å overleve i denne nådeløse verden hennes mor hadde satt henne i. Og nettopp i denne stund lå en av elskerne hennes i sengen hennes og sov sin dypeste søvn. Men selv hun måtte overleve, og for å gjøre det måtte hun selge tjenester, for det eneste hun hadde å selge var seg selv. Hun var ikke rik, men heller ikke fattig, og kanskje hun innerst inne likte yrket sitt. Hvordan kunne hun hate menn, som gav henne alt hun noen gang kunne drømme om? Hun hadde mistet begge foreldrene som liten jente og da menn visste henne anerkjennelse og interesse var fristelsen blitt for stor.

Hun trakk pusten dypt og smatt forbi ett hvitt hus bygget i stein. Det var stille i landsbyen denne morgen timen. Hun skar en grimase i det hun gikk over torget og så med avsky på en innhegning der de hadde ofret en geit kvelden før, i håp om at gudene skulle se i nåde til dem og gi dem regn. Blod fylte gårdsplassen og hun trådte varsomt over den sand belagte plassen foran seg. Hun stirret opp mot det lille fjellet der Jakobs brønn lå og møysommelig begynte hun å gå oppover stien som førte henne til vann. Etter en liten stund så hun brønnen komme til syne, men stoppet brått i det hun så en skikkelse sitte ved brønnen.

En mann satt ved brønnen og stirret tankefullt ned i den. Hun nølte og stirret på ham. Hun kunne se at han var jøde ut i fra de karakteristiske ansiktstrekkene og han var vakker, med ett renskåret solbrunt ansikt og mørkt bølget hår som rakk ham til skuldrene. Han var kledd i en kappe av den fineste lin, som bare de virkelig rike menneskene hadde råd til og sandaler prydet de solbrune føttene hans. Han må ha merket hennes tilstedeværelse for plutselig løftet han hodet og vendte blikket mot henne. Hun svelget og holdt på å miste krukken hun hadde klamret seg til. Øynene hans var slående vakre, og like mørk som vannet i Jakob brønnen, om kranset av tette mørke vipper. Nesen var rett og litt kraftig over oppoverbuede lepper. Han hadde små smilerynker rundt øynene, noe som vitnet om at han ofte lo. Pannen var bred over kraftige mørkebrune øyenbryn. Hun hadde aldri sett en så flott mann i alle hennes livs dager. Hun svelget nervøst og i ett flyktig øyeblikk lurte hun på om hun så bra ut, men hun slo fort bort den tanken. Slike som ham var for god for henne. Hun var ikke noe annet enn søppel, forkastet av samfunnet og mennesker i det. Mannen foran henne smilte mykt til henne og hun tok ett forsiktig skritt fram mot ham. Smilet hans gav henne en følelse av tilhørighet, noe hun ikke hadde følt på svært lang tid. Og i tilhørigheten var det trygghet, kjærlighet og barmhjertighet. Hun ble overrasket over følelsene som han vekket i henne. Det var ikke lyst, nei det visste hun så inderlig godt hva var, men denne nye følelsen var ukjent for henne. En følelse av velbehag bredte seg i henne og trøstet henne slitne sjel.

- Har du litt vann å avse til meg? Spurte han med en stemme like myk som karamell. Hun stusset og lurte ett øyeblikk på hvem han snakket til. Var det flere ved brønnen? Hadde hun ikke dradd ut tidlig nok? Men hun så ingen, og blikket var festet på henne. Hun rynket pannen mistenksomt. Visste han ikke at samaritanere ikke omgåes jøder? Hun kremtet og hevet hodet stolt. Noe hun ofte gjorde når hun var usikker. - hvordan kan du som er jøde be en samaritansk kvinne som meg om å gi deg drikke? Vet du ikke at jøder omgås ikke samaritanere? Sa hun med stø stemme, sikker på at denne mannen ikke ville skade henne. Og med de ordene forventet hun at han skulle slå seg lett på pannen og svare noe slikt som, *jo sannelig, det vet jeg vel. Det må ha vært en forglemmelse.* Også ville han forlate henne, slik alle fine folk gjorde. Den tanken gav henne en hul følelse av mistrøstighet. Men Mannen foran henne gjorde ingen av delene. I stede bare smilte han forsiktig til henne og de små rynkene rundt øynene ble enda mer markert. - hvis du kjente Guds gave og visste hvem jeg er som spør deg om vann, da ville du heller bedt meg gi deg det levende vann å drikke. Kvinnen rynket pannen skeptisk og stirret undrende på ham. Hun forsto ikke så mye av det han nettopp hadde sagt, men hun skjønte at det var viktig, de ord han talte. Hvem var han som ikke sendte henne bort, som ikke steinet henne eller jaget henne, men som i stede ba henne om vann? - Herre du har ikke noe å øse opp vann med, og brønnen her er dyp. Hvor har du så dette levende vannet du snakker om? Mannen foran henne stirret ned i den dype brønnen. - den som drikker av dette vannet, vil tørste igjen. Sa han og løftet blikket og så på henne. - Men hver den som drikker av det vannet jeg gir, skal aldri i evigheten tørste. Det vannet jeg gir blir i deg lik en kilde med vann som veller fram til evig liv. Kvinnen måpte overrasket over disse ordene. I følge ham trengte hun aldri mer å tørste. Han hadde vann som hun kunne drikke, og som ville føre til at hun slapp å snike seg hver morgen til denne brønnen for å hente vann. Hun smilte ivrig og nikket mot ham. - gi meg av dette vannet, herre, slik at jeg slipper å komme hit opp for å hente vann, sa hun begeistret. Hun hadde glemt skammen og frykten i sitt eget liv. Det eneste viktige var det hun så i øynene hans. Fred, harmoni. Glede. Lykke. - gå og rop på mannen din og kom tilbake hit, sa han med myk røst. Hun bet seg i leppen og så bort. Virkeligheten kom stormende tilbake og hun svelget irritasjonen som veltet opp i henne. Hun kunne ikke hente elskeren sin, for han var ikke hennes mann. Hun kunne lyge som hun så ofte hadde gjort før for å redde sitt eget rykte, men noe ved denne mannen sa at hun ikke skulle frykte for den hun var. Hun stirret frimodig på ham og svarte med klar røst. - jeg har ingen mann. Hun stålsatte seg og ventet å høre de velkjente ordene av fordømmelse og hån. Hun kunne dem alle utenat, så han kunne ikke knuse henne med nye ord, selv om det ville forandre hennes liv og noe i henne ville dø om hun hørte skjellsord i fra denne jødens munn. Men isteden for å skjelle henne ut å fordømme henne for yrket hennes smilte han mykt og nikket lett. - du gjorde rett i å si; jeg har ingen mann. Du har hatt fem menn og den du har nå er ikke din mann, der talte du sant. Hun stirret forbauset på ham. Hvordan kunne han vite så mye om livet hennes, en mann hun aldri hadde sett før. Han kunne vel ikke ha noen baktanker, tenkte hun, men ristet fort av seg den latterlige tanken. Nei, ikke denne mannen, som var ett bildet på renheten selv.

Hun fuktet leppene og dro sjalet bort i fra ansiktet. Hun trengte ikke å skjule seg for denne mannen, for han så tydeligvis alt ved henne, og fremdeles satt han og smilte mildt mot henne, uten å jage henne bort. - herre, jeg innser at du er en profet, sa hun med ærefrykt i stemmen. Landsbyen hennes hadde mange profeter og like mange trollmenn. Men ingen av dem var så ren og fordomsfri som denne mannen som nå stirret på henne med ett klart blikk. - herre, våre forfedre ba på dette fjellet, men dere jøder sier at bare Jerusalem er stedet for tilbedelse. Han nikket lett og stirret på henne som om hun var det eneste mennesket på jorden. Hun følte seg betydningsfull under blikket han sendte henne. Verdig. Ren. - Kvinne, tiden kommer da dere ikke lenger trenger å tilbe på dette fjellet eller noe annet fjell. Dere tilber det dere ikke skjenner, vi tilber det vi skjenner, for frelsen kommer i fra jødene. Men nå er tiden for å tilbe faderen i ånd og sannhet. Gud er ånd og den som tilber ham, må tilbe i ånd og sannhet. Kvinnen nikket og undret seg. Kunne dette være Messias? Hun hadde hørt om Messias, og hun var en av de få som oppriktig trodde at han ville komme til jorden. Hadde ikke hun hørt de gamle jødiske skriftene som fortalte om en kommende Guds sønns fødsel. - Herre, jeg vet at Messias kommer, han som kalles Kristus, sa hun med en stemme like stø som fjellet hun sto på. - og når han kommer skal han fortelle oss alt, sa hun og kjente en fred blandet med glede omslutte henne. Ensomheten ble løftet av henne og tomheten hun hadde følt på så lenge ble fylt av noe ubeskrivelig vakkert. Mannen foran henne smilte bredt. - jeg er ham, han som snakker med deg. Sa han og hjertet hennes gjorde ett begeistret hopp i brystet hennes. Han var Messias. Kristus.

De ble med det samme avbrutt av noen andre menn som tydeligvis kjente denne mannen. De stirret overrasket på dem og sendte flyktige blikk mot henne, men de sa ingenting verken til henne eller mannen ved brønnen. Hun dekket fort til ansiktet sitt for hun visste at menn ikke snakket til henne, hvis de ikke ønsket tjenesten hennes. Hun slo blikket ned og dyppet krukken ned i det iskalde vannet, fylte den og dro den opp igjen. Deretter satte hun krukken ned ved brønnen og vendte dem ryggen. Hun smilte glad under sjalet og småløp ned av fjellet mot landsbyen. Dette måtte alle få høre om. Og prisen for å vise seg offentlig, var plutselig blitt veldig liten. Gleden i hjertet var ubeskrivelig stor og skammen hun hadde følt på hele sitt unge liv var som blåst bort. Hun hadde møtt Messias, den eneste ene og ingenting i denne verden kunne måle seg med det. Dette måtte alle høre om, for dette var det eneste riktige.

«dere har ikke utvalgt meg, men jeg har utvalgt dere og satt dere til å gå ut og bære frukt»

Rosene er røde, som Jesu blod.

- så nydelig den er, hvisket de hvite peonene til hverandre der de stirret med beundring på den høyreiste røde rosen. - så nydelig blomst er aldri sett her omkring, hvisket løvetennene med ærefrykt i stemmen der de sto og drakk i fra solens varme solskinn. - nei, en slik blomst har ingen noensinne sett, pep de hvite prestekragene og blåklokkene i munnen på hverandre. Det var en strålende varm sommerdag og den grønne engen var dekket av farger i alle nyanser. Blomstene kjempet nærmest om plassen og de strakk sine hoder ivrig mot himmelen.

- har noen spurt hva hun heter? Hvisket fiolene med myk røst. Ingen svarte og bare lyden av bladene deres hørtes i blant fuglekvitter og summende bier som fløy i fra kronblad til kronblad. - aldri har jeg sett noe så rødt, sa den ene fiolen til den andre. - eller slik en tornete stilk, svarte den andre fiolen beundrende. En liten prestekrage som sto nærmest den høyreiste rosen kremtet lett, før den dristet seg forsiktig til å spørre: - eh.. hva heter du? Den nydelige rosen som hadde hatt igjen lukkede øyne, åpnet øynene og stirret mildt ned på den hvite prentekransen. - jeg heter Rose, svarte den med melodiøs stemme. Prestekragen grøsset av fryd og følte seg vakker i nærheten av denne nydelige blomsten. En klynge med smørblomster vendte hodet mot rosen og smilte usikkert. - hvorfor har du slike torner på stilken din, sa de forsiktig. Rosen smilte varmt mot dem. - det er en lang historie, svarte hun og blafret lett med bladene i den varme vinden. - fortell, fortell, sa blåklokkene som nå hadde blitt litt mer modige etter som de andre hadde våget å nærme seg rosen. Peonene lente seg nysgjerrig nærmere. - og hvordan har du fått en slik nydelig rød farge, spurte de nysgjerrig. Rosen smilte til dem og lot blikket gli over alle blomstene før hun vendte blikket opp mot himmelen.

- en gang for lenge siden levde det en mann. Han var vakker og snill og bar med seg Guds rikdom i sitt hjerte, sa hun og tok en lett pause. Blåklokkene nikket, de kjente alle Gud, skaperen som hadde skapt dem. Smørblomstene stirret med ærefrykt opp mot den blå himmelen der solen strålte varmt ned mot dem. - denne mannen gjorde Guds gjerninger på jorden. Han hjalp de svake, lærte de vise og reiste opp de fattige. Denne mannen het Jesus, sa rosen og blomstene rundt henne nikket bifallende. - var han snill mot blomster? spurte de skarpe neslene. Rosen nikket mykt. - han var snill mot alle, alt det skapte, svarte hun. Prestekragene sukket lett og fiolene smilte varmt opp mot himmelen. - men det var også mange som ikke likte det han gjorde, mennesker som ønsket å se ham død. Smørblomstene grøsset og gav i fra seg en lyd av frykt. - drepe ham? Sa peonene forundret. Rosen nikket trist og vendte blikket opp mot himmelen igjen. - ja, de ønsket at han skulle dø, men det underligste av alt var at Jesus visste at han måtte dø, sa hun melankolsk. Neslene gav i fra seg en skarp lyd av forskrekkelse. - døde han? Spurte de med lav stemme. Rosen lukket øynene og sukket lett. - ja, han døde. De hang ham på ett kors og spottet ham og stakk i ham med skarpe spyd. Ett sus av forskrekkelse gikk igjennom blomstene på engen og den varme solen virket plutselig kald og vinden hard og skarp. Blåklokkene vendte sine hoder ned mot jorden og smørblomstene krympet seg i gresset som omgav dem. Rosen åpnet øynene og ett smil gled over de røde kronbladene. - men det alle beste er at denne mannen sto opp igjen i fra de døde den tredje dag. Han er hos Gud, skaperen. Og døden gjorde oss fri i fra forgjengelighet, og synd. Han ofret seg selv for at menneskene skulle være fri, sa hun og stirret med fryd opp mot den blå himmelen. Fiolene gispet og stirret overrasket på rosen. Neslene smilte og stirret opp mot himmelen. Blåklokkene løftet atter en gang hodene. - men hva har denne historien med din vakre farge og din stilk full av torner å gjøre? Spurte prestekragene nysgjerrig. Rosen vendte blikket mot prestekragene og smilte mildt. - jo, for fargen i mine kronblader symboliserer Jesu blod og hans død, og tornene på min stilk er ett bilde på tornekronen de presset nedover hodet hans. Og de grønne bladene symboliserer håpet, for mennesker og for oss. Sa hun med mild stemme. Alle blomstene stirret taust på rosen som sto så høy og fager i solskinnet. - og hver gang mennesket ser på en slik som meg, så minnes de den gangen en mann døde på ett kors for at de skulle bli virkelig fri.

«om ikke mennesker bøyer seg for meg og priser mitt navn vil skaperverket prise meg»

Hvilens vann.

Jeg var sliten, tunge tanker og vonde bekymringer plaget meg. Det var lange dager og så altfor korte netter. Jeg hadde ikke sovet en hel natt på flere uker og kroppen min hadde begynt å protestere på den slitsomme torturen. Jeg sukket tungt, satt meg ned i den myke lenestolen min og lukket øynene. Saftige toner av lovsang fløt ut i fra stereoen og ut i rommet. Jeg trakk pusten dypt og begynte å synge. Jeg sang lovprisning til den eneste Gud, den høyeste av dem alle. Jeg sang for å prise ham. Jeg sang for å glemme meg selv. Og etter hvert som ord fløt ut av munnen min begynte noe å skje i atmosfæren rundt meg. En spenning blandet med forventning skalv igjennom meg og plutselig var jeg på ett annet sted, i ett annet tidsrom. Jeg visste ikke hvor, men det var ett fredfullt sted.

Jeg så meg selv stå i en liten grønn oase, omringet av grønne trær som reiste seg stolt mot den mørke himmelen over meg. Jeg hørte sildringen i fra en bekk like ved. Øynene mine falt på en mann som lå under ett lite tre. Brune krokete grener besmykket med friske grønne blader strakte seg utover mot bekken og opp mot himmelen. Mannen som lå i gresset var usigelig vakker. Han hadde mykt sjokolade brunt hår som lå i bølger rundt det avslappede ansiktet. Øynene var gjenlukket og den myke munnen var halvt oppadvendt i ett svakt smil, under den litt brede rette nesen hans. Ett dags gammelt skjegg lå som ett mørkt felt over haken og over leppene. Kroppen hans var lang og slank med brede skuldre. Han var iført en hvit kittel som sto i sterk kontrast til den mahognifargede huden hans. Ermene på kittelen hadde glidd litt opp og viste muskuløse armer dekket av mørke hår. Hendene lå flettet samme over den flate magen hans. Han lå der avslappet og barfot og sandalene var slengt til side ett lite stykke unna ham.

Jeg trakk pusten og dro inn synet av denne fantastiske mannen som omgav seg med en slik fred jeg aldri hadde støtt på i mitt unge liv. For i forhold til denne mannen var jeg ung, ikke bare i år men også i tid. Han så ikke gammel ut, kanskje i trettiårene. Han åpnet brått øynene og blikket hans landet på meg. Han hadde de blåeste øynene jeg noen gang hadde sett. Blått med en blanding av grått. Eller var det grønt i dem? Jeg visste ikke, jeg så forbi fargen og inn i den vennlige sjelen øynene hans viste meg. Jeg trakk pusten brått og kjente en varm fred og kjærlighet omslutte meg. Og jeg forsto at mannen som lå så avslappet foran meg i det grønne gresset var Jesus. En skjelving gikk igjennom meg og jeg kjente en følelse av svimmelhet. Som om jeg var ruset. Ansiktet hans sprakk opp i ett smil av ekte glede og han løftet hånden mot meg. - kom, og legg deg sammen med meg, og hvil deg litt, sa han med dyp melodiøs røst. Jeg skalv lett av forventning, kjente ordene varme meg og trøste mitt slitne hjerte.

Jeg tok ett skritt mot ham, men stoppet brått. Blikket mitt gled i fra Jesus og opp mot himmelen som var tunge av mørke skyer. Og en kald vind tok plutselig tak i håret mitt. - jeg kan ikke, jeg har ikke tid, det er så mye som må gjøres og så mye jeg ikke orker, hvisket jeg med rusten stemme. - frykt ikke, og se deg ikke engstelig rundt. Himmelen er ikke slik du tror den er, sa Jesus med myk stemme og jeg svelget hardt og tvang blikket bort i fra de truende skyene. Jeg prøvde å feste blikket på Jesus, men det gled liksom unna og festet seg i stede til den mørke horisonten som var dekket av en tung svart tåke. Jeg skalv og slo hendene rundt livet, som for å beskytte meg selv. - vendt ikke blikket mot de framtidige skygger, for jeg er fredens Gud, og bringer håp og kjærlighet ut til menneskene. Jeg elsker deg mitt barn. Stemmen hans svøpte meg igjen inn i freden jeg for litt siden hadde kjent. Jeg flyttet blikket til ham og nikket svakt. Jeg visste dette, men fornuften kjempet i mot. *Du kan ikke gi slipp på alt, du kan ikke etterlate deg alt uoppgjort, du kan ikke tro at dette skjer deg, du er bare ett menneske, ett ingenting,* hånte tankene meg og jeg vaklet. -kom, lytt til mitt ord. Fokuser på meg, for det er jeg som betyr noe, ikke omstendighetene, hindringene i livet ditt og de materialistiske godene. Ikke penger, makt og begjær. Se på meg, se på min fred, min kjærlighet. Alt er gitt deg for at du skal ha det godt. Kom og legg deg ned med meg. Stemmen gav meg mot, styrke og hvisket bort tankenes slue forsøk på å stoppe meg.

Jeg gikk med ustø skritt bort til Jesus og følte meg svak og hjelpeløs. Jeg var sårbar og Jesus så det. Han smilte varmt mot meg i det jeg la meg ned på ryggen ved siden av ham i det grønne gresset. Han tok hånden min i sin og jeg kjente varmen omslutte meg, bre seg i fra hånden og inn i hjertet. Jeg sukket dypt og kjente velvære av legedom bre seg i meg. Jeg stirret overrasket opp mot himmelen og så at den ikke lenger var mørk, men strålende blå. Fuglene kvitret lystig i treet over meg og jeg smilte langsomt.

Men brått ble jeg oppmerksom på noen skygger like ved meg og hjertet banket skremt i brystet mitt. Jeg snappet etter luft og lå stiv og urørlig i gresset. Jesus klemte hånden min beroligende og på ny gled tankene til Jesus. Fokus. - se ikke på fortidens skygger, for de kan ikke skade deg lenger, se på meg for jeg leger fortidens smerte og gir deg en framtid ment for deg, sammen med meg. Frykt ikke, vær ikke redd. Jeg bærer deg, jeg styrker deg. Skyggene forsvant og jeg slappet igjen av. Jeg trakk inn den friske luften som gled rundt oss og jeg vendte blikket mot Jesus. Øynene hans var strålende fredfulle og varme av kjærlighet. Jeg følte meg som en prinsesse der jeg lå.

Som om jeg var den viktigste for ham i hele denne verden. Jeg sukket igjen. - jeg elsker deg Jesus. Sa jeg lavt og klamret meg til den varme hånden hans. - jeg vil aldri mer miste fokuset på deg igjen. Jesus smilte varmt. - jeg har troen på mennesket, for jeg var selv ett menneske en gang for lenge siden. Jeg vet hvor vanskelig det er å leve i en verden som ikke forstår, som motarbeider deg og prøve å stjele i fra deg alt jeg har gitt deg. Men la ikke hjertet bli fylt av mismodighet og frykt. Og glem aldri å se på meg om fortidens skygger innhenter deg, eller framtidens truende tåke skremmer deg. Se på meg og se på Gud. Jeg vil hjelpe deg i en verden der andre svikter. Jeg vil styrke deg i en verden som tapper deg. Jeg vil gi deg alt det verden ikke kan gi. Men først og fremst vil jeg gi deg din fred, sa han og jeg kjente meg lett i hodet og fylt av hans kjærlighet i hjertet. Jeg sukket dypt av velvære og vendte blikket opp mot himmelen. Ja, jeg ville hvile, jeg ville nyte dette øyeblikket og jeg ville for evig gjemme det i mitt hjerte. - takk Jesus, sa jeg for i mitt hjerte var jeg så usigelig takknemlig. - takk for at jeg får være ditt barn, hvisket jeg og lukket øynene.

«Kom til meg og jeg skal gi deg av hvilens vann.»

Printed by Books on Demand GmbH, Norderstedt / Germany